Alice Schwarzer
Romy Schneider

W0172072

EIGENTLICH sollte es ein richtiges Interview werden. Romy Schneider über ihre Rollen, ihr Image, ihr Leben. Romy, der Bundesdeutschen liebste Verkörperung aller Frauenklischees in einer Person: Mit 15 die Jungfrau von Geiselgasteig. Mit 21 die »Hure« in Paris. Mit 28 die reuige Ehefrau und Mutter in Hamburg. Und heute der französischsprachige Weltstar mit Allüren und einem neun Jahre jüngeren Mann…

Denn es ist sicherlich nicht übertrieben zu sagen, daß sich am Verhältnis Deutschlands zu Romy die deutsche Einstellung zu Frauen überhaupt ablesen läßt. Sie, die in Paris »Romy la Grande« (*Elle*) und »die größte Schauspielerin Europas« (*Nouvel Observateur*) ist, ist in Berlin die verlorene Tochter, die in einer Art Haß-Liebe längst zu Freiwild erklärt wurde.

Da publiziert die *Bunte* die Intimplaudereien eines ehemaligen Romy-»Freundes«. Mit Teleobjektiven geschossene Nacktphotos aus Romys Urlaub werden millionenfach gedruckt. – Denn Romy Schneider, 38 Jahre alt, Schauspielerin, zum zweitenmal verheiratet und Mutter eines Kindes, muß herhalten für so vieles: für die Situation der Frauen überhaupt, für die der Schauspielerinnen im besonderen, für die der Karrierefrau und, mehr noch, für die des Stars. Über all das wollte ich mit Romy reden. Ich traf eine Frau, die mehr Fragen hat als Antworten; die in einer Phase ihres Lebens ist, in der sie das, was war und ist, in Frage stellt, aber noch nicht weiß, was sein wird.

Am ersten Abend hatten wir uns eigentlich nur getroffen, um uns mal kennenzulernen. Sie wollte sehen, ob sie »überhaupt mit mir kann«. Wir waren zusammen essen, gemeinsam mit ihrer Freundin Christiane. Und plötzlich, nachts um eins, war Romy entschlossen: sie wollte mit mir reden. Jetzt. Sofort. Ganz schnell wurde mir klar, daß ich mit ihr nur eine Wahl hatte: Entweder ein formelles Interview, so eins, wie sie sie schon zu Hunderten geführt hat, und die sie zu Recht aggressiv und arrogant machen vor Angst und Mißtrauen. Oder aber ein Gespräch, in dem sie ein wenig Vertrauen faßt, und in dem ich nicht mehr Schreiberin bin, sondern ein Mensch, der ihr einfach zuhört, ohne zu fragen.

Wir haben viele, viele Stunden miteinander geredet – aber interviewt habe ich Romy nicht. Das war einfach nicht möglich. Und ich muß gestehen, daß mich noch nie in meinen zwölf Jahren als Journalistin ein Gegenüber so hilflos gemacht hat …

Was für ein entwaffnendes Nebeneinander von Dominanz und Demut, von Intelligenz und Irrationalität. Sie ist eine Frau, die Karriere gemacht hat, ist berühmt, tüchtig und reich, und träumt von der großen Liebe, einem Menschen fürs Leben, dem zweiten Kind und selbstgestrickten Pullovern. Eins schließt das andere aus. Heute. Aber sie will beides.

Wir treffen uns zweimal. Einmal nach den Dreharbeiten vom *Gruppenbild* in Berlin. Wenig später ein zweites Mal

Romy Schneider in ihrer Pariser Wohnung, 1975
(Photo: Giancarlo Botti)

nach einem Gespräch mit Heinrich Böll in Köln. Beide
Male macht sie mich sprachlos. Sie ist einer der absolute-
sten Menschen, denen ich je begegnet bin. Hier! Heute!
Jetzt! Sofort! Alles! Oder nichts...

Sie hat die Radikalität eines Kindes. Sie ist nicht räsonabel,
sie hat sich nicht »zur Räson bringen« lassen. Das mag ich
an ihr. Sie ist keine Vernünftige, keine Angepaßte – und sie
hat sich trotzdem durchgesetzt! Hat es ihnen allen gezeigt.
Ist von der Kitsch-Sissi zur Charakter-Schauspielerin geworden, vom Töchterchen aus dem Kölsch-Berchtesgade-
ner Bürgermief zu einer Frau mit unbequemer Sensibilität
und kreativer Intelligenz.

Schon einmal habe ich sie so kennengelernt. Aus der Ferne.
Das war 1970. Damals hat sie den Appell »Ich habe abge-
trieben« und »Wir fordern die Abschaffung des § 218!« mit-
unterschrieben. Da hat ihr niemand was erklären müssen.
Da brauchte man sie nicht zu überzeugen. Postwendend
kam der Brief mit der Unterschrift zurück. Dazu ein Gruß
und der Satz: »Da bin ich ganz und gar dafür!!!« Dreimal
unterstrichen. Drei Ausrufungszeichen.

Mut hat sie. Selbst von Alain Delon, der den eiskalten Typen nicht nur im Film spielt, hat sie sich letztlich nicht ein-
schüchtern lassen. Im Streit mit ihm hat sie einmal seinen
Schrank aus dem Fenster gekippt... Ich glaube ihr das aufs
Wort.

Auch in Hollywood hat sie nicht klein beigegeben (»Ich
wollt kein Palatschinken werden«). Als Mutter Magda mit
ihr im Walt-Disney-Studio vorsprach (»Die haben aus mir
eine amerikanische Sissi machen wollen, haben mich angezogen wie ein bayrisches Weiberl mit Zöpferln«), da hat sie
das »Jackerl« einfach wieder ausgezogen und ist gegangen.

Im Rückblick sagt sie nicht ohne Zorn: »Um die Schauspielerin zu werden, die ich heute bin, hab ich durch die größte Scheiße waten müssen!«

Emanzipation? »Klar«, sagt sie. »Nur hab ich das erst spät begriffen.« Und: »Aber ich bin nicht in der Frauenbewegung. Ich mag die Bewegung nicht.« Gleichzeitig bewundert sie aktive Frauen. Zu mir sagt sie: »Wir zwei haben viel gemeinsam: Nicht nur unser Leben in Frankreich. Wir sind auch die beiden meistbeschimpften Frauen Deutschlands!«

Sie verdrängt, aber sie resigniert nicht. Sie ist sicherlich oft schwach und verzweifelt, aber sie kämpft. Sie hat Alain Delon überlebt (»Ich wollte einfach nicht länger leiden«) und auch Harry Meyen. Wenn auch nur knapp. In der Sylvesternacht, in der sie endgültig ging, ist sie schnurstracks in eine Fußklinik gegangen und hat da eine längst fällige Fußoperation machen lassen. »Und dann bin ich davongerannt.«

Nicht, ohne Meyen mit 1,4 Millionen DM – der »eheliche Zugewinn«, von ihr verdient – abzufinden. Gezahlt hat sie schon oft für ihre Männer – wie so viele »Karrierefrauen«, die den Preis für ihre Tüchtigkeit, die von Männern als kastrierend empfunden wird, in barer Münze zahlen müssen.

Aus der Meyen-Zeit gibt es Photos, wo sie mit ihm auf dem häuslichen Sofa posiert: sie mit demütig bewunderndem Blick, er in stolzer Hausherrn-Pose. Sie gehört zu denen, die sich erst kleiner machen müssen, bevor sie hochgucken können... Sie hat es nicht lange durchgehalten.

Mir scheint, daß sie mit ihrer Demut oft bewußt oder unbewußt eigene Züge kaschiert, die ihr selbst unheimlich sind und deren Verurteilung als »unweiblich« sie fürchten muß: ihr Talent, ihren Ehrgeiz, ihren Stolz und ihre Aggressivität.

Meyen, bekannt vor allem als Ehemann des Stars, pflegte Romy einen Mangel an Bildung und Intelligenz vorzuwerfen. »Du liest ja noch nicht mal die Abendzeitung.« – Romy heute: »Er hielt sich für Professor Higgins, nur bin ich keine Fair Lady.«

Ich vermute, Männer haben immer versucht, sie zu erniedrigen, weil sie Angst vor ihrer Stärke haben müssen. Auch Meyen schlug zielsicher in eine klaffende Wunde. Romy hat – wie so viele Frauen – mörderische Komplexe. Sie hält leicht, allzu leicht, die anderen für schlauer. Wen nimmt's Wunder? Gehört sie doch gleich dreifach zu der Kategorie Mensch, der unablässig eingehämmert wird, sie sei ja eh dumm, weil nämlich schön, Frau, Schauspielerin und Star – kann doch nur dämlich sein, oder?

Sie findet sich auch nicht besonders schön, sagt sie, halb kokettierend, halb ernst. »Ich bin fotogen. Das ist alles. Knie hab ich wie Beckenbauer.« Dennoch weiß sie, daß sie etwas kann und jemand ist. Nur wer und was? Ihr mit disziplinierter Leidenschaft erarbeitetes Talent unterscheidet sie von den meisten ihrer Kolleginnen und Kollegen. Es erklärt sich unter anderem ganz sicherlich daraus, daß Romy in einer ganzen Tradition steht: Tradition von Schauspielerinnen und Tradition von starken Frauen. Die Mutter war Schauspielerin, die Großmutter und die Urgroßmutter waren es auch. Jüngst feierte die Großmutter, einst Burgschauspielerin, in Wien ihren hundertsten Geburtstag.

In diesen Stunden, die ich mit Romy verbringe, spüre ich etwas von dieser durch Generationen gestählten Zähigkeit. Sie kann eine Nacht durchreden, kaum eine Stunde schlafen und am nächsten Tag spielend die Böllsche Leni sein.

Das Filmstudio ist ihr Terrain. Gleichzeitig aber ist sie fremd dort, wie auf der Flucht. Nach 24 Jahren Showgeschäft hat Romy Angst vor Menschen. Angst vor Maschinen. »La machine« – so nennt sie die Kamera ebenso wie mein Tonband. »Mach die Maschine aus!«

Wenn sie will, denkt sie nach; wenn nicht, verdrängt sie. Ihre Motive für das zweite Kind? Ihr Verhältnis zu Männern? Ihr Auftritt in der Talkshow, wo ihre schmerzlichsichtbare Verletzlichkeit so schlagartig schwand, als sie an der Seite des röhrenden Supermanns Driest flugs in die ihr so glatt-vertraute Rolle der Femme fatale schlüpfen konnte? Nein, sie mag nicht darüber nachdenken. Beängstigendes wird nur in kleinen, verkraftbaren Dosen eingestanden. Sich selbst und anderen. Ich kann das gut verstehen.

»Aber ich habe auch viel Kraft. Und ich bin es leid, zu lügen! Je veux enfin me trouver moi-même!« (Ich will endlich zu mir selbst finden.) – Sie hat fast die ganze Zeit französisch mit mir gesprochen. Mir war es leicht und vertraut, weil ich lange in Frankreich gelebt habe. Und Romy? Warum? »Weil alles Deutsche mir weh tut! Mir ist in diesem Land zuviel angetan worden! Ich bin jetzt Französin. Das ist meine Muttersprache.« Sie sagt es heftig und sehr, sehr verletzt. Nichts in unserem Gespräch hat sie so getroffen, wie meine Frage nach ihrem Verhältnis zu Deutschland. Und dabei ist sie für mich, die ich so lange Zeit in Paris war, gleichzeitig so rührend deutsch! Deutsch in ihrer Absolutheit, ihrem permanenten Widerspruch und ihrer quälenden Verweigerung der einfachen Lösung.

Nach der Leni, ihrem 50. Film(!), will sie nie mehr in Deutschland drehen. Sagt sie heute. Sie will für eine Zeitlang überhaupt nicht mehr spielen, will ein Jahr pausieren.

»Ich bin müde. Die Batterie ist leer. Ich brauche eine Pause, will zu mir kommen. Das ist der Grund, warum ich jetzt ein Jahr aussetze. Und das Kind.« – Romy Schneider will ein zweites Kind. Über den ersten, gescheiterten Versuch, eine Fehlgeburt, hielt uns die Boulevardpresse voll auf dem laufenden. Dieses Kind will sie nicht allein, sondern zusammen mit ihrem Mann, Daniel Biasini, der sie – davon ist sie überzeugt – versteht und liebt. »Ich bin«, sagt sie nicht ohne Selbstironie, »ein bißchen wie Elizabeth Taylor: die heiratet auch immer gleich die Männer, die sie liebt, und will ein Kind von ihnen.«

Doch bewundern tut sie die Taylor nicht. Ihre Achtung, ihr Respekt und ihre Zuneigung gehören einem ganz entgegengesetzten Frauentyp, gehören Simone Signoret. (»Ich glaube, Simone hat nie wirklich begriffen, wie sehr ich sie verehre.«) Simone Signoret ist in Frankreich eine der ganz wenigen Filmschauspielerinnen, die mit dem Ende ihrer Jugend und Schönheit nicht auch am Ende waren. Die engagierte Linke hat sich nie gescheut, auch für unpopuläre politische Ideen einzutreten.

Eines weiß ich beim Abschied von Romy noch gewisser als vorher: wie unerträglich es ist, in ein Bild, ein Klischee gepreßt zu werden. Es imponiert mir an Romy, daß sie so daran leidet und sich so dagegen wehrt. Nicht alle wehren sich. Viele stumpfen ab, werden so reduziert wie ihre Schablone.

Und noch eines ist mir an diesem Abend besonders klar: wie beschämend es sein kann, zum Berufsstand der Journalisten zu gehören.

Mercedes de Acosta
Greta Garbo

ICH WÜNSCHTE MIR, Greta Garbo in Hollywood zu treffen. Es war ein kindischer Wunsch, und ich wußte das. Ich fühlte auch, daß es sinnlos war; denn zu dieser Zeit war schon oft veröffentlicht worden, daß Greta Garbo niemals jemanden treffen wolle. Aber ich war in verrückter Laune und faßte diesen Wunsch insgeheim. Ich zog eine Karte. Tallulah steckte sie in den Stoß zurück, überflog die Karten und sagte: »Dein Wunsch wird sich drei Tage nach Deiner Ankunft in Hollywood erfüllen.« Ich erzählte niemandem von meinem Wunsch und vergaß ihn auch direkt wieder.

Am dritten Tag wachte ich auf und fühlte, daß etwas Außergewöhnliches passieren würde. Das Telefon klingelte. Es war eine Einladung zum Tee zu Salka Viertel. Ich hatte von einem Freund von Hope William von ihr gehört, und sie selbst rief mich an. Sie fügte hinzu, wenn ich zum Tee käme, erwarte mich eine »Überraschung«. Da ich mich in meinem Hotel etwas verloren fühlte, sagte ich zu.

Als ich mich an diesem Nachmittag für den Tee anzog, fiel mein Blick auf ein Armband in einer Schatulle, in der ich einige ungewöhnliche Schmuckstücke aufbewahrte. Es war ein Armband, das ich in Berlin gekauft hatte. Es war strom-linienförmig, schwer und modern und aus Stahl – einem

Material, das zu jener Zeit in Deutschland in Mode war. Ich
hatte es zum Teil auch gekauft, weil ich in einem deutschen
Heft gelesen hatte, daß Greta Garbo schwere Armbänder
mochte. Als mein Blick im Schaufenster darauf gefallen
war, dachte ich an sie; zum Spaß betrat ich vergnügt das Geschäft und gab vor, es für sie zu kaufen.

Salka Viertel wohnte in der Maberry Road in Santa Monica.
Ich wußte nicht, wo das war, aber ich gab die Adresse dem
Taxifahrer, und wir fuhren Richtung See. Salka und ich
hatten in Eleanora von Mendelssohn eine gute gemeinsame Freundin, was ein guter Ausgangspunkt war.

Tatsächlich hatte sie mich wegen Eleanora zu sich eingeladen. Sie sagte auch, daß eine Freundin kommen würde, die
den Wunsch geäußert hatte, mich kennenzulernen. Sie be-
mühte sich, natürlich zu sprechen und so, als ob es sich um
einen gewöhnlichen Namen handelte: »Greta Garbo«. In
diesem Augenblick betrat Mrs. Viertels Ehemann, Berthold,
mit ihrem Sohn Tommy den Raum. Berthold war Schriftsteller, sah aber mit seinem dicken, welligen, weißen Haar,
das er ziemlich lang trug, eher wie ein Musiker aus. Er war
freundlich und sympathisch, auch sehr europäisch und poetisch. Ich hatte immer das Gefühl, daß er in Hollywood wie
ein Fisch auf dem Trockenen war. Wir sprachen über Ver-
schiedenes und in wahrhaft deutscher Manier tranken wir
Kaffee, obwohl ich zum Tee eingeladen worden war. Plötzlich klingelte es an der Tür. Salka ging, um zu öffnen. Ich
hörte eine sehr tiefe Stimme, die deutsch sprach. Natürlich
war sie unverkennbar, obwohl ich sie erst einmal vorher
gehört hatte – in *Anna Christie*, dem einzigen Tonfilm, den
die Garbo bis dahin gemacht hatte. Salka führte sie in den
Raum und stellte mich vor.

Greta Garbo, 1928
(Photo: Edward Steichen)

Es ist seltsam, wie etwas, das in der Vorstellung so außergewöhnlich scheint, plötzlich so natürlich wird, wenn es wirklich passiert. Greta in Fleisch und Blut vor mir zu sehen, schien mir auf einmal die natürlichste Sache der Welt. Als wir uns die Hand gaben und sie mich anlächelte, fühlte ich, daß ich sie mein ganzes Leben lang gekannt hatte – in vielen früheren Inkarnationen.

Wie ich erwartet hatte, war sie bemerkenswert schön, viel schöner, als sie es in ihren Filmen zu sein scheint. Sie trug eine weiße Matrosenbluse und dunkelblaue Seglerhosen. Sie hatte bloße Füße, die wie ihre Hände schlank und feinfühlig waren. Ihr schönes glattes Haar fiel auf ihre Schultern, und sie trug eine weiße Tennis-Schirmmütze weit ins Gesicht gezogen, um ihre außergewöhnlichen Augen zu verstecken, die einen Ausdruck von Ewigkeit hatten. Als sie sprach, entzückte mich nicht nur ihr Tonfall und der Klang ihrer Stimme, sondern auch ihr Akzent. Zu jener Zeit sprach sie ziemlich unkorrekt und mit starkem schwedischen Akzent Englisch, und ihre fehlerhafte Aussprache war entzückend. An diesem Nachmittag hörte ich sie zu Silka sagen: »I trotteled down to you.« Komischerweise waren die Worte, die sie wählte, oftmals viel ausdrucksvoller, als es die richtigen gewesen wären.

Greta hat niemals Slang gesprochen, obwohl es ihr ein leichtes gewesen wäre, Slang-Sätze im Studio aufzuschnappen. Es wäre ihr auch ein leichtes gewesen, die amerikanische Sprechweise aufzuschnappen, denn zu jener Zeit hörte sie nichts anderes. Trotzdem hat sie niemals mit amerikanischem Akzent gesprochen. George Cukor sagte in Hollywood immer, ich hätte Greta ihr wunderbares Englisch beigebracht, und auch allgemein sprach man mir dieses zu.

Aber das war nicht wirklich wahr. Es ist möglich, daß ihr Englisch durch mich ein wenig beeinflußt wurde, aber sie hat ein so angeborenes Sprachempfinden, daß sie jede Sprache nur schön sprechen konnte. Schweden haben mir erzählt, daß ihr Schwedisch fehlerlos, und Deutsche, daß ihr Deutsch sehr einnehmend sei, und obwohl sie nur wenig Französisch spricht, ist alles, was sie in dieser Sprache äußert, charmant und richtig ausgesprochen.

Ich kann mich nicht ganz genau erinnern, über was wir an jenem Tag sprachen. Ich war zu überwältigt, um mich der Unterhaltung zu entsinnen. Ich erinnere mich, mit Greta und Salka über die Duse gesprochen zu haben, und dann ging Salka hinauf, um zu telefonieren. Berthold war in den Garten hinausgegangen, um Tommy etwas vorzulesen. Greta und ich waren allein. Es herrschte Schweigen, ein Schweigen, das sie mit Leichtigkeit überbrückte. Greta konnte immer Schweigen überbrücken. Aber ich war unbeholfen. Dann fiel ihr Blick plötzlich auf mein Armband, und sie sagte: »Was für ein hübsches Armband.« Ich nahm es von meinem Handgelenk und gab es ihr: »Ich habe es für Sie in Berlin gekauft.«

Sie blieb nicht lange. Sie erklärte, daß sie noch *Susan Lennox* drehte und diesen Besuch nur ausnahmsweise gemacht hatte. »Ich gehe niemals aus, wenn ich drehe. Oder vielleicht, ich gehe überhaupt niemals aus«, sagte sie und fügte lachend hinzu: »Nun werde ich zum Dinner nach Hause gehen und es im Bett einnehmen. Ich bin wirklich ein Beispiel für das ausschweifende Nachtleben Hollywoods!«

Ich wollte sie fragen, ob ich sie wiedersehen dürfe, aber ich hatte nicht den Mut. Salka brachte sie hinaus zu ihrem

Wagen, und als sie wiederkam, sagte sie: »Greta mochte Sie, und sie mag nur wenige Leute.«

ZWEI TAGE SPÄTER, am Sonntag, rief mich Salka an. Sie bat mich, an diesem Morgen um halb zehn zum Frühstück zu kommen. Sie sagte, Greta würde dort sein und sie hätte vorgeschlagen, mich anzurufen. Ich sprang in meine Kleider und kam Punkt 9.30 Uhr an. Greta war schon da, diesmal in weißen Shorts und wieder mit der Schirmmütze. Ich bemerkte, welch wunderbare Farbe ihre Beine von der Sonne hatten. Bei diesem zweiten Treffen war sie schöner, als ich je geträumt hatte, daß sie es sein könnte. Ihr Gesicht war frisch und strahlend. Sie war gutgelaunt und übermütig.

Wir setzten uns zum Frühstück mit Salka, Berthold und den drei Söhnen, Hans, Peter und Tommy. Da Berthold danach zuhause einen Produzenten erwartete, schlug Salka vor, Greta und ich sollten zum Haus von Oliver Garrett gehen. Dieser war ein Freund von Salka, und sein Haus lag genau an der Ecke mit Blick auf die See. Er war für Außenaufnahmen unterwegs, und sie sagte uns, daß die Tür unverschlossen sei.

Es war ein wunderbar sonniger Tag. Vom Fenster aus konnten wir den blauen Pazifik sehen mit den farbigen Segeln der kleinen japanischen Fischerboote, die draußen waren. (Als der Krieg kam, sagte man, daß diese japanischen Fischer Spione seien, die alle Schiffe meldeten, die vom Hafen in San Pedro ausliefen.) Wir legten Schallplatten auf, schoben den Teppich im Wohnzimmer zur Seite und tanzten. »Daisy, You're Driving Me Crazy«, sangen wir und tanzten

wieder und wieder. Ich liebte Gretas tiefe Stimme und ließ
sie es immer wieder wiederholen, bis sie sagte: »Wir nutzen
noch die Platte ab, von meiner armen Kehle ganz zu schweigen!« Für die Walzer-Phase legten wir »Ramona« und
»Goodnight Sweetheart« auf. Als Tango spielten wir schließlich »Schöner Gigolo« ab – auf den zu jener Zeit alles wild
war. Ich erwähne diese Lieder, weil sie für mich nostalgisch
und ein Teil jener Zeit sind. »Ich werde dich zum Lunch mit
mir nach Hause nehmen«, sagte Greta, aber ich hatte bereits Pola versprochen, den Lunch bei ihr einzunehmen.
»Na und? Ruf Pola doch einfach an und sag ihr, du kannst
nicht kommen.« »Wie kann ich das im letzten Moment machen, ohne unverschämt zu sein? Pola sagte, es sei nur ein
kleiner Lunch mit sechs Personen.« Greta tobte vor Lachen.
»Ein kleiner Lunch für sechs! Sei nicht verrückt. Sind wohl
eher sechshundert! Ich kenne diese kleinen Für-sechs-Per-
sonen-Parties.« Traurig schüttelte sie den Kopf: »Ich sehe,
du kennst Hollywood nicht, aber geh' heute zu Pola und
lern' deine Lektion. Du wirst es ja selbst sehen.«
Natürlich glaubte ich ihr nicht so richtig. Ich glaubte, wenn
Pola gesagt hatte, es kämen sechs Gäste zum Lunch, dann
würde es so sein und ich müßte zu meinem Versprechen
stehen. Zufällig erwähnte ich Greta gegenüber das russi-
sche Wort *toscar* und sagte, daß es »Sehnsucht« bedeute. Sie
eignete sich das Wort an und wiederholte es oft, sprach es
voll aus und ließ es auf der Zunge zergehen wie jemand,
der einen geliebten Namen ausspricht. Sie sagte mir, was
»Sehnsucht« auf Schwedisch heißt.
Als es für mich Zeit war zu gehen, stieg ich in den Wagen,
und als der Chauffeur losfuhr, pflückte Greta eine Blume
vom Beet vor dem Haus und gab sie mir. Fröhlich rief sie:

»Sage nicht, ich hätte dir niemals eine Blume gegeben«, und stand lachend da und winkte, als ich wegfuhr.

Wie vorhergesagt, wurde ich bei Pola von einer Menge von ungefähr hundert Personen empfangen, alle schoben und drängten sich auf die Terrasse, wo der Lunch serviert wurde und von wo man Blick auf die See hatte. Gerade als ich mich entschlossen hatte, umzudrehen und zu fliehen, ergriff Basil Rathbone meine Hand und sagte: »Sie sitzen beim Lunch neben mir. Ich habe schon auf die Tische geschaut und die Platzkarten gesehen.« Es blieb mir nichts anderes übrig, als höflich zu sagen: »Wie schön!« Glücklicherweise mochte ich Basil sehr.

Pola kam atemlos herüber, um mich willkommen zu heißen, und brachte Ramon Navarro mit, der, so sagte sie, beim Lunch auch neben mir sitzen würde. Ich sah mich um und sah einige bekannte Gesichter. Noch verwirrt konnte ich nicht umhin, ihr zu sagen: »Ich habe nur sechs Gäste erwartet.« Sie zuckte mit den Schultern und lachte: »Sei nicht verrückt« – genau Gretas Worte. Ich hatte meine erste Lektion über Hollywood gelernt.

Mitten beim Lunch beugte sich ein Butler über meine Schulter und sagte: »Miss de Acosta, Sie werden am Telefon verlangt.« Er rückte meinen Stuhl ab und gab mir Zeichen, ihm zu folgen. »Wer ist es?« fragte ich. »Ein Herr Toscar«, sagte er. »Der Herr hat mir seinen Namen buchstabiert.«

Ich nahm den Hörer und vernahm die Stimme des Herrn: »Nun, sind dort sechs oder sechshundert Leute?«

»Ich würde sagen sechstausend«, antwortete ich. Greta lachte. »Laß dir dies eine Lehre sein. Jetzt hol' deinen Wagen und komm zu mir nach Hause und keinen Unsinn mehr darüber, zu Pola freundlich zu sein.« Eine zweite Lektion brauchte ich nicht. Ich eilte aus dem Haus, sogar ohne den Butler zu bitten, mich zu entschuldigen. Ich fand meinen Wagen und rief dem Chauffeur zu: »1717 San Vincente Boulevard!« Ohne Zweifel dachte er, ich sei verrückt als ich hinzufügte: »Und fahren Sie so schnell wie der Wind, oder ich werde Sie aus dem Wagen werfen und selbst fahren!« Greta erwartete mich auf der Zufahrt nahe beim Haus. Sie deutete dem Chauffeur anzuhalten. Sie wollte nicht, daß er bis zum Haus hinauffuhr. Sie trug einen schwarzen chinesischen Seidenmorgenmantel und Schlafzimmer-Pantoffel für Männer. Sie sah müde und deprimiert aus. Nur einige Stunden vorher hatte ich sie strahlend gesehen. Als ich sie besser kennenlernte, stellte ich fest, wie leicht ihre Stimmung und ihr Aussehen sich ändern konnten. Sie konnte fröhlich und gut aussehen und innerhalb von fünf Minuten wirkte sie hoffnungslos verzweifelt und scheinbar schrecklich krank.

Sie führte mich um das Haus herum in einen Garten, der von hohem Buchsbaum eingeschlossen war, zog mich zu einer steinernen Bank, die am Ende des Gartens in Richtung Haus lag, und wir setzten uns. Sie erklärte mir, daß sie allein zu Hause war, denn sonntags hatte ihr einziges Mädchen, Whistler, ihren freien Tag. Wenn sie bessere Laune hatte, pfiff sie, statt Whistlers Namen zu rufen, aber an diesem Nachmittag war sie in keiner glücklichen Laune. »Ich werde dich nicht mit ins Haus nehmen, und du mußt bald wieder gehen. Ich bin sehr müde, und morgen früh muß ich wieder sehr früh zu Aufnahmen für diesen schrecklichen Film *Susan Lennox*«, sagte sie.

»Bist Du nicht glücklich über diesen Film?« fragte ich ahnungslos.

»Glücklich? Wer ist schon glücklich? Niemand, der Filme
macht, kann glücklich sein.«

»Das tut mir leid. Ich hatte gehofft, du bist es. Du warst heute
morgen glücklich, als wir tanzten und sangen, oder nicht?«

»Ja, dank dir hatte ich heute morgen einige fröhliche Minuten. Aber jetzt ist es fast Abend. Bald wird es Nacht sein,
und ich werde nicht schlafen, und dann wird es Morgen
sein, und ich werde wieder zu diesem schrecklichen Studio
gehen müssen. Laß uns nicht reden. Es ist so sinnlos zu
reden und zu versuchen, Dinge zu erklären. Laß uns einfach nur sitzen und überhaupt nicht sprechen.«

Und so saßen wir schweigend, als die Schatten der Euka-
lyptusbäume sich über den Rasen auszustrecken begannen,
und schließlich wurde die Sonne feurig rot und versank
langsam hinter der Hecke. Greta seufzte und unterbrach
das Schweigen. »Jetzt mußt du heimgehen«, sagte sie. An
diesem Tag begann ein Spiel zwischen uns, das wir immer
wiederholten. Jedesmal wenn ich sie besuche und es Zeit
wird zu gehen, fordert sie mich dazu auf, so wie sie es an
diesem Tag getan hatte. Es ist ein Spaß zwischen uns.
Immer muß sie mich daran erinnern, nach Hause zu gehen.

ICH HATTE GRETA bei Metro-Goldwyn-Mayer angeru-
fen, um ihr meine neue Nummer zu geben, und sie hatte
versprochen, mich zurückzurufen, wenn die Dreharbeiten
zu *Susan Lennox* beendet wären. Am nächsten Samstag rief
sie mich an, um mich wieder für den späten Nachmittag zu
sich einzuladen. »Meine Gefängniszeit ist vorbei«, sagte sie.
»Ich habe aufgehört zu filmen.« Ihre Stimme klang leicht
und erleichtert.

Es war ein sehr heißer Tag gewesen und jener Abend war immer noch besonders warm, selbst für Juli. Sie erwartete mich wieder in der Zufahrt, aber diesmal führte sie mich zum Eingang. Sie machte eine Pause, bevor sie sprach, wie um ihren Worten Nachdruck zu verleihen; dann sagte sie mit vorgetäuschtem Pomp, wie wenn ein Herrscher einem Untertan eine Ehre zuteil werden läßt: »Ich lade niemals jemanden zu mir nach Hause ein, aber heute, als große Ausnahme, tue ich das. Willst du hereinkommen?«

Wir betraten direkt das Wohnzimmer. Es wirkte düster und unbewohnt. Greta erriet meine Gedanken. »Ich benutze diesen Raum nie. Ich lebe in meinem Schlafzimmer«, sagte sie, und wir gingen nach oben. Es war ein einfacher und ziemlich leerer Raum. Es gab ein Bett, einen Tisch, eine Ankleidekommode und einige unbequeme Stühle mit hoher Lehne, alle aus massiver Eiche. Es befand sich kein einziger persönlicher Gegenstand darin.

Greta trat ans Fenster. Sie zeigte auf einen dünnen, blattlosen, toten Baum. »Dieser Baum ist meine einzige Freude in Hollywood. Ich nenne ihn meinen ›Winterbaum‹. Wenn mein Heimweh nach Schweden unerträglich wird, schaue ich ihn an, und er beruhigt mich. Ich stelle mir vor, er hätte wegen der Kälte die Blätter abgeworfen und bald wäre Schnee auf seinen Ästen.« Traurig drehte sie sich vom Fenster weg. »Ich habe noch nie vorher jemandem von diesem Baum erzählt.« Sie blickte mich an und sah, daß ich Tränen in den Augen hatte. »Oh, ich habe dich zum Weinen gebracht«, sagte sie. »Ja, das ist eine traurige Geschichte«, erwiderte ich. »Erzähl mir von deiner Kindheit – von deinem Leben.«

Sie zögerte, dann begann sie, ruhig, mit ihrer tiefen, vollen

Stimme, manchmal mit Unterbrechungen, so als ertaste sie
sich ihren Weg, zu sprechen. Sie hielt mitunter inne, redete dann wieder weiter und erzählte mir stückweise viele
Dinge aus ihrer Kindheit, die scheinbar unwichtig waren.
Und dennoch enthüllte mir jedes davon etwas. Sie sprach
von ihren Träumen, von vielen Dingen, die sie gemacht
hatte und sich gewünscht hatte zu tun. Sie sprach voller
Liebe von ihrer toten Schwester und sagte, sie sei sehr
schön gewesen. Ihr Name war Alva. Das war für mich eine
große Überraschung.

»Die Familie meiner Mutter hat den gleichen Namen – de
Alba – aber das V ist im Spanischen gleich dem B. Und Garbo ist ein spanisches Wort. Es bedeutet schick oder elegant.«
Im Raum wurde es dunkel. Wir saßen schweigend. Kurz
darauf sagte sie: »Ich habe niemals so gesprochen.« Sie
stand auf. »Ich habe Hunger. Laß uns in die Küche herun-
tergehen und etwas essen – nein, ich werde es hierher bringen, denn Whistler kann bald nach Hause kommen.«
Sie rannte hinunter und kam mit einem Tablett mit Käse,
Milch und Brot wieder. Der Mond ging auf und schien in
das Zimmer. In seinem Licht aßen wir. Als wir fertig waren,
schlug ich vor: »Laß uns an den Strand gehen.«
Wir gingen hinaus und zum »Bus«, wie Greta ihre alte,
schwarze Packard Limousine nannte. Sie wirkte gesetzt und
konventionell. »Jeder Inch ein Wagen, in dem Queen Mary
hätte fahren können«, äußerte ich.
Ich fuhr, und Greta saß neben mir. »Ein perfekter Diener«,
sagte ich zu ihr. Wir fuhren fröhlich Richtung Strand und
folgten der Küste nach Casa del Mare, wo wir den Wagen
abstellten, eine der umliegenden Erhebungen erklommen
und über die Küste schauten. Die See hatte im Mondlicht

einen silbrigen Schimmer, und hinter uns in den Bäumen sangen die Nachtigallen.

»Was hältst du von Gott?« fragte Greta.

»Ich wollte, es gäbe so ein Wort nicht. Wie kann man Gott mit einem Wort wie *Gott* ausdrücken? Ich denke Gott einfach als die gesamte Schöpfung. Alles ist auf seiner eigenen Ebene Gott. Diese singenden Nachtigallen sind Gott. Wenn Gott Gott ist, dann kann es keine Trennung zwischen seinen Kreaturen geben. Und mit ›Kreaturen‹ meine ich Bäume, Felsen, Tiere, Insekten, genauso wie Menschen. Vielleicht habe ich recht oder auch nicht. Ich weiß es nicht.«

Wir sprachen von anderen Dingen, tiefgründig und oberflächlich. Dann schließlich, als der Mond unterging und verschwand und ein schmaler Lichtstreifen über den Himmel im Osten fiel, waren wir still. Langsam brach der Tag an. Als die Sonne aufging, liefen wir den Berg hinunter, pflückten Kletterrosen, wenn wir daran vorbeikamen. Unten wartete der geliebte »Bus«. Er wirkte wie etwas Lebendiges – vertrauensvoll und geduldig. Wir stiegen ein und fuhren los.

AM ABEND rief Greta an und bat mich, sie früh am nächsten Morgen zu besuchen. Sie sagte, sie hätte mir etwas zu erzählen.

Ungefähr um acht Uhr ging ich zu ihrem Haus und sah ihren Wagen in der Einfahrt und James davor. James war ihr farbiger Chauffeur, und wenn es ein Original gab, dann ihn. Ursprünglich war er als Fensterputzer zu Greta gekommen, und da sie ihn sehr ruhig fand, bat sie ihn, ihr Chauffeur zu werden. Natürlich war er erfreut, begann noch am gleichen

Tag und arbeitete zuverlässig viele Jahre lang für sie. Wie
man in Hollywood erzählt, war er »stumm wie ein Fisch«.
Er war groß und sehr schlank und sah einen verschmitzt
aus den Augenwinkeln heraus an. Er machte niemals auch
nur die leiseste Bemerkung zu etwas und bewegte sich im
Schneckentempo. Außer zu chauffieren sollte er auch das
Haus reinigen. Dies tat er mit sehr langsamen Bewegungen;
er brauchte mindestens eine halbe Stunde, um einen Tür-
griff zu reinigen. Und wenn Greta zu ihm sagte: »James, Sie
sind sehr faul«, antwortete er, weit davon entfernt, ihr nicht
zuzustimmen, »Ja, Ma'am«, und dies mit sanfter, schlep-
pender Stimme.

Wenn er dabei war, sagte ich immer zu Greta: »Du weißt,
James hat Charme, also kannst du nicht noch viel anderes
erwarten.« Das brachte ihn heftig zum Lachen. Er fuhr nie
schneller als zwanzig Meilen pro Stunde. Zum Glück mochte Greta diese Geschwindigkeit. Wenn wir in den Wagen
stiegen, fragte er nie, wohin wir fuhren. Er fuhr los und
immer geradeaus, und zwar genauso lange, bis wir ihm
anderes mitteilten. Greta flüsterte mir immer halblaut zu:
»Mal sehen, wie lange er fahren wird, ohne zu fragen, wohin wir wollen.«

Schließlich, wenn wir nahe daran waren, in den Ozean hin-
ein- oder auf irgendeinen Berg hinaufzufahren, sagte sie
gewöhnlich: »James, wissen Sie, wohin wir fahren?« »Nein,
Ma'am«, antwortete er dann. Er hatte eine unglückliche
Schwäche, und zwar konnte er seine rechte von seiner linken Hand nicht unterscheiden. Wenn wir sagten: »James,
fahren Sie rechts«, bog er gewöhnlich links ab. Aber wenn
wir versuchten die Dinge auszugleichen, indem wir links
sagten, wenn wir rechts meinten, oder rechts, wenn wir

links meinten, fuhr er trotzdem noch in die entgegenge-
setzte Richtung.

Zu dieser Zeit hatte ich mir meinen Wagen aus New York
kommen lassen. Es war ein Roadster mit einem Notsitz. Als
ich ihn Gretas Einfahrt hinauffuhr und an diesem Tag den
schrägen Blick von James sah, wußte ich, daß etwas passieren würde. Sie kam aus dem Haus und rief mich hinein. Ich
folgte ihr hoch in ihr Zimmer. Sie sah blaß und müde aus.

»Ich bat dich zu kommen, damit ich dir sagen kann, daß ich
heute für sechs Wochen verreise.«

»Sechs Wochen? Warum?«, fragte ich.

»Ich bin schrecklich müde. Ich muß weggehen und vollkommen allein sein. Ich habe ein kleines Haus auf einer Insel in einem See in der Sierra Nevada ausgesucht. Niemand
wird wissen, wo ich bin, und niemand kann mich erreichen.
Ich erzähle es nur dir, denn ich weiß, daß du dich fragen
würdest, wo ich bin. Ich bitte dich, niemandem zu sagen,
wohin ich verreist bin oder, daß ich überhaupt verreist bin«,
sagte sie.

Wir gingen zusammen die Treppe hinunter und standen
schweigend auf der Zufahrt, während Whistler die letzten
Sachen in das Auto packte. Sie nahm meine Hand und
sagte: »Verzeih mir. Ich bin einfach schrecklich müde.« Sie
setzte ihre dunkle Brille auf und stieg ein. James setzte
rückwärts die Einfahrt hinunter, und dann sah ich ihn wenden und wegfahren. Ich stand so lange da, daß Whistler, die
wie eine freundliche Mutter war, aus dem Haus kam und
mich fragte, ob ich eine Tasse Kaffee wollte. Als ich den
Kopf schüttelte, meinte sie: »Machen Sie sich nichts daraus,
sie wird früher zurück sein, als Sie denken.« Ich glaubte ihr
nicht, stieg in meinen eigenen Wagen und fuhr nach Hause.

Zwei Nächte später klingelte das Telefon. Gretas Stimme sagte: »Ich bin auf dem Rückweg. Ich bin auf der Insel gewesen, aber ich komme wegen dir zurück. Ich bin ungefähr dreihundert Meilen entfernt und fahre zügig, also werde ich dein Haus irgendwann heute am späten Abend erreichen. Kannst du mit auf die Insel kommen?«

Ich war so aufgeregt, daß ich aufsprang und dachte, ich müßte sofort zu packen beginnen. Was packen? Was würde ich auf einer Insel in der Sierra Nevada brauchen? – sozusagen nichts als Hosen, Pullover, Shorts und Badeanzug. Frühmorgens weckte ich John und sagte ihm, daß Greta mich abholen komme. Liebling John war fast so aufgeregt wie ich. Er meinte, wir müßten köstliches Essen und Champagner für sie bereithalten, und er wirtschaftete den ganzen Tag in der Küche herum.

Gegen Mitternacht fuhr die große schwarze Limousine langsam die Auffahrt herauf. Dann hörte ich James hupen und eilte aus dem Haus. Müde stieg Greta aus dem Wagen. Sie waren drei Tage durchgefahren ohne anzuhalten, außer um etwas zu essen. Als sie die Mojave durchfuhren, betrug die Temperatur 120 Grad Fahrenheit. James war auch »ganz erledigt«, aber als ich seine Fahrkünste lobte, sagte er nur: »Ja, Ma'am«, und da wußte ich, daß er immer noch derselbe war.

John kam heraus, und wir führten Greta ins Haus. Dann öffnete er den Speisesaal, und da war ein Festmahl aus gebratenem Huhn und delikaten chinesischen Gerichten angerichtet. Noch bevor Greta ihr Gesicht gewaschen hatte, tranken wir mit Champagner auf unsere Gesundheit und ließen James mit einigen Gläsern hochleben. Greta erzählte, die Landschaft und der See wären schöner, als man es ausdrücken könnte: »Ich mußte wegen dir zurückkommen, denn ich konnte nicht so ein Schwein sein und all diese Schönheit allein genießen.«

Am nächsten Tag starteten wir spät nachmittags mit meinem Wagen, Greta und ich auf dem Notsitz, und James fuhr. Greta fragte ihn, ob er zu müde sei, noch an jenem Tag loszufahren, und als er antwortete: »Nein, Ma'am«, wußten wir, daß alles in Ordnung war. Wir hatten vor, die Wüste nachts zu durchqueren, um solange wie möglich die Hitze zu vermeiden. Wir steuerten Nevada an, das auf der anderen Seite der Mojave Wüste lag, aber als wir die Wüste erreichten, war die Temperatur auf nahezu 140 Grad Fahrenheit angestiegen. Der heiße Wind und wirbelnder Sand schnitten in unsere Gesichter und jedes Mal, wenn wir anhielten, um zu tanken, cremten wir sie ein.

Aber wir waren sehr glücklich. Selbst James schien fröhlich und glücklich, und einmal wußte er tatsächlich rechts und links zu unterscheiden, als wir ihm die Richtung angaben. Zwei Nächte verbrachten wir in kleinen Hotels, die an der Straße lagen, einmal in der Wüste und einmal dahinter. Am dritten Tag sahen wir die Sierra Nevada und begannen bergauf zu fahren. Nach oben hin wurde die Luft kühler, und dann erstreckte sich die ganze herrliche Bergkette vor uns. Plötzlich blickten wir von großer Höhe hinunter und sahen den Silver Lake zwischen den Berggipfeln. Greta wurde sehr aufgeregt. »Da ist unser See, und dort, die kleine Insel in der Mitte, das ist unsere Insel!«

Wir fuhren hinunter, und als wir näher kamen, konnten wir das kleine Haus auf der Insel sehen. Es war wirklich nur eine Hütte, aber wir waren so aufgeregt darüber, als ob es ein Schloß wäre. Es gehörte Wallace Beery, und er hatte gesagt, Greta könne es für diese Wochen haben, und hatte ihr die Schlüssel gegeben.

Der See war ungefähr vierzehn Meilen lang und drei Meilen breit, und die Insel lag ungefähr eine halbe Meile vom Westufer entfernt. Wir hielten an einem kleinen Bootshaus, wo James uns half, die Vorräte auf das Boot zu laden; dann schickte ihn Greta weg und trug ihm auf, nicht eine Sekunde früher als nach sechs Wochen wiederzukommen. »Wenn Sie eine einzige Sekunde früher kommen, werde ich Sie in den See werfen. Und merken Sie sich, absolut niemand soll wissen, wo wir sind. Nicht einmal Whistler und mit Sicherheit nicht Louis B. Mayer!«

»Nein Ma'am«, antwortete James feierlich und stieg wieder in den Wagen, um für den langen Weg zurück nach Hollywood mit einer Geschwindigkeit von zwanzig Meilen pro Stunde aufzubrechen. Wir kletterten in das Boot, und Greta nahm die Ruder.

Ich war überrascht zu sehen, wie gut sie ruderte. Ihr Schlag war sehr stattlich. »Hast du mit der Oxford Mannschaft trainiert?« fragte ich. Sie ruderte gleichmäßig und ruhig in den Schatten des Berges hinein, der auf das Wasser fiel. Die Sonne war hinter dem Berg untergegangen, obwohl es noch nicht einmal fünf Uhr war, und das Abendrot glühte auf den Bergen im Osten, von denen noch viele mit Schnee bedeckt waren.

Mit Gretas gleichmäßigem Schlag erreichten wir bald unsere Insel.

Wie Zacken einer Krone standen ringsherum die schneebedeckten Berge. Majestätisch und ruhig lagen sie da und gaben uns das Gefühl, die kleinsten Teilchen im göttlichen Kosmos zu sein.

Außer dem Geräusch des Wassers, das gegen die Mole plätscherte, herrschte intensive Stille. Dann hörten wir weit entfernt den Ruf einer Eule. Greta hielt inne und lauschte. Da ich wußte, wie abergläubisch Skandinavier sind, sagte ich: »Hier kann kein Unglück passieren. Diese Eule heißt uns einfach freundlich willkommen.« Sie sah erleichtert aus, und der Zwischenfall ging vorüber.

Wie soll man die sechs nächsten entzückenden Wochen beschreiben? Selbst die Erinnerung zeigt mir, wie glücklich ich bin, sie erlebt zu haben. Sechs vollkommene Wochen in einer Lebenszeit. Das ist wirklich sehr viel. In all dieser Zeit gab es keine einzige Sekunde der Disharmonie zwischen Greta und mir oder in der Natur um uns herum. Nicht ein einziges Mal hat es geregnet; und wir hatten jeden Tag strahlenden Sonnenschein. Wir sahen Neumond und beobachteten, wie er zum Vollmond wuchs und die Berge und das Wasser wie Silber scheinen und den Schnee auf den weit entfernten Gipfel glänzen ließ wie poliertes Kristall. Das kleine Haus hätte nicht einfacher sein können. Es war nur ein Holzhaus, aber ordentlich und sauber und mit Fenstern ringsherum.

Greta sagte: »Wir müssen sofort getauft werden.« Sie entledigte sich ihrer Kleider, machte einen herrlichen Sprung ins Wasser und schwamm dann mit den langen, kraftvollen Zügen eines erfahrenen Schwimmers. »Zuerst stelle ich fest, daß du für die Oxford Mannschaft trainierst, und nun, daß du trainierst, um den Kanal zu durchschwimmen. Gibt es irgend etwas, das du schlecht machst?« rief ich ihr zu. Sie winkte von weit draußen im See, und ich hörte ihr glückliches Lachen über das Wasser. Ich sprang selbst hinein – kein Experten-Sprung, kein Trans-Kanal-Zug. Das Wasser

war eiskalt, und ich mußte weiterschwimmen oder erfrieren. Greta schwamm neben mir: »Ich wußte nie, daß Spanier kaltes Wasser aushalten – bravo!«

An diesem Abend bereitete sie das Essen zu. Auf dem Wege
hatten wir Gebirgsforelle gekauft. Sie kochte sie und machte den wunderbar starken Kaffee, den Spanier und Schweden gerne trinken. »Nicht diesen amerikanischen Kaffee,
diese nur Heiß-Wasser-Angelegenheit«, sagte sie und fügte
stolz hinzu: »Ich mache *guten* Kaffee.« Und so war es. Wieder traf sie, und dies innerhalb weniger Stunden, ins
Schwarze und überraschte mich.

Die Tage und Stunden verflossen viel, viel zu schnell. Sie
taten mehr als das. Sie verpufften. Es gab überhaupt kein
Zeitgefühl.

Allgemein wird angenommen, daß Greta mürrisch und
ernst ist. Das ist einer der Bestandteile der Legende, die um
sie aufgebaut wurde. Alle Legenden beruhen auf Gerüch-
ten und Hörensagen. Natürlich ist sie ernst, wenn es um etwas geht, wo man ernst sein muß, und sie rennt nicht mit
einem breiten Grinsen im Gesicht herum wie die meisten
amerikanischen Filmemacher, aber das heißt nicht, daß sie
mürrisch ist und es ihr an Humor fehlt. In Wirklichkeit hat
sie wirklich Humor und einen bemerkenswerten Sinn dafür. Während dieser sechs Wochen in Silver Lake, und viele
Male seither, hat sie ihren Sinn für Spaß bewiesen.

Metro-Goldwyn-Mayer beschäftigten sie von 1925 bis
1938, bevor sie feststellten, daß sie auch Komödie spielen
kann, und auf Grund dieser Entdeckung besetzten sie mit
großem Erfolg *Ninotchka* mit ihr. Aber Greta kann mehr als
nur Komödie spielen. Sie kann die hohe und die niedrige
Komödie spielen und sie kann den Clown spielen, wenn sie

will. Es ist ein trauriger Beweis der Dummheit des Studios, daß sie dies erst feststellten, als es zu spät war. Es ist traurig, daß Greta all die Jahre nur tragische Rollen bekam. Wenn sie ihr glückliche und witzige Rollen gegeben hätten, würde sie vielleicht noch Filme machen. Wer kann es ständig aushalten, gemarterte, depressive und traurige Rollen zu spielen? Mit Sicherheit nicht eine sensible Künstlerin wie Greta, die ihre Rollen nicht spielt, sondern, wie ich glaube, diese selbst und wirklich jede Sekunde von ihnen lebt.

Dort auf dem Silver Lake lachte ich mehr als je zuvor in meinem Leben, und es war Greta, die mich zum Lachen brachte. Sie erzählte mir amüsante Geschichten aus ihrer Kindkeit, ihrer Jugend und von ihrem Leben in Hollywood.

Niemand kann Greta wirklich kennen, der sie nicht gesehen hat, wie ich sie dort in Silver Lake gesehen habe. Sie ist ein Geschöpf der Elemente. Ein Geschöpf des Windes und der Stürme und der Felsen und der Bäume und des Wassers. Ein Geist wie ihrer, eingesperrt in einer Stadt, ist ein tragischer Anblick.

Dort in der Sierra Nevada kletterte sie vor mir, mit wehenden Haaren, ihr Gesicht Wind und Sonne zugewandt, sprang sie mit ihren bloßen hellenischen Füßen von Felsen zu Felsen. Ich sah sie über mir, ihr Gesicht und ihr Körper zeichneten sich gegen den Himmel ab, und sie sah aus wie ein strahlender, elementarer, herrlicher Gott und zugleich eine Göttin, beide ineinander verschmolzen.

Oft ruderte sie mich über den See zu einem Holzfäller-Lager, das einige Meilen entfernt war. Dort kauften wir Milch und Eier und sprachen mit den Holzfällern, die uns für Schulmädchen in den Ferien hielten. Und nachts bei phantastischer Ruhe und mit den dunklen Bergen, die sich um uns herum auftürmten, fuhren wir mit dem Boot hinaus und ließen uns einfach treiben.

Irgendwie vergingen sechs Wochen, die nur wie sechs Minuten schienen, und waren zu Ende. Wir hatten Zeit und Datum vergessen. Fast hatten wir begonnen zu glauben, daß wir niemals in die Zivilisation zurückkehren würden. Dann hörten wir eines Tages über den See die Hupe von James. Greta wurde totenblaß und floh in das Haus. »Ich kann nicht – ich kann nicht nach Hollywood und zu diesem Studio-Leben zurückkehren!« weinte sie.

Aber wir packten unsere Sachen und ohne ein Wort zu wechseln stiegen wir in das Boot. Langsam und wie wenn große Traurigkeit sie überfallen hätte, ruderte sie zum anderen Ufer.

KURZ DARAUF zog Greta vom San Vincente Boulevard in die North Rockingham Road in Brentwood. Ich ermutigte sie umzuziehen, da ich das San Vincente Haus zu düster für sie hielt. Das neue war nur ein halber Block von Johns und meinem Haus entfernt. Es war ein großes Haus mit einem schönen Garten und einem schönen Blick über den Cañon und die Berge.

Greta hatte bei ihrem neuen Haus erfreulicherweise auch einen Tennisplatz. Ich spielte zu jener Zeit gar nicht schlecht, aber sie schaffte es jedes Mal, mich zu schlagen. Sie hatte ein natürliches Talent für jede Art von Sport. In dieser Zeit pflegten wir zu reiten. Wir liehen uns Pferde von der Bel Air Reitschule und ritten in die Berge. Bevor sie nach Hollywood gekommen war, war sie nie geritten, aber sie saß auf dem Pferd, als ob sie ihr ganzes Leben nichts anderes getan hätte.

Greta hatte noch nicht mit den Filmaufnahmen für ihren nächsten Film *Mata Hari*, der in Vorbereitung war, begonnen, so daß keiner von uns beiden arbeitete, und wir bewegten uns so viel, daß ich mich, wenn ich heute zurückblicke, wundere, daß wir uns nicht selbst umgebracht haben – besonders, da ich unter hundert Pfund wog und Greta so dünn wie eine Nadel war. Das Ende der Rockingham Road führte direkt in die Berge. Zum San Fernando Valley waren es über die Berge durch wilde Landschaft mehr als zehn Meilen. Mehrere Male liefen wir die Strecke, und James holte uns mit dem Wagen auf der anderen Seite des Tales ab. Wir dachten sehr wenig über einen solchen Spaziergang nach, und an den meisten Tagen marschierten wir sechs oder sieben Meilen, spielten mehrere Sätze Tennis, schwammen im Ozean und ritten manchmal noch. Unser Tag begann sehr oft um fünf oder halb sechs Uhr morgens und nie später als um sechs. Greta kam kurz nach Sonnenaufgang zu meinem Haus und pfiff unter meinem Fenster. Ich sprang in meine Kleider, und wir waren auf und über die Berge. Manchmal picknickten wir und verbrachten den ganzen Tag am Strand weit hinauf Richtung Malibu. Wir gingen sehr früh zu Bett. Wenn Greta filmte, ging sie um sieben Uhr ins Bett, ansonsten gegen acht oder neun. Ich ging nie später ins Bett als um neun. Wir lachten immer, wenn wir vom sogenannten »Nachtleben« Hollywoods lasen.

Als ich Greta ein wenig kannte, brachte ich sie dazu, ihre Seglerhosen gegen richtige Hosen zu tauschen. Wenn man zurückblickt, fällt es schwer zu glauben, daß damals die Leute noch schockiert waren, Frauen in Hosen zu sehen. Einmal wurden wir auf dem Hollywood Boulevard photographiert, ohne es zu bemerken. Das Foto kam in die Zeitung mit der Unterschrift: *GARBO IN HOSEN! Unschuldigen Zuschauern stockte vor Überraschung der Atem, als sie Mercedes de Acosta und Greta Garbo in Männerkleidung eilig den Hollywood Boulevard entlanglaufen sahen.* Wenn man bedenkt, was heute den Hollywood Boulevard entlanggeht, scheint es merkwürdig, daß Greta und ich eine solche Sensation vor noch gar nicht so langer Zeit hervorriefen.

Weihnachten war in jenem Jahr sehr warm. Greta zog alle Vorhänge zu, so daß wir bei Kerzenlicht so tun konnten, als ob es draußen schneien würde. Anna machte eine Gans, und wir saßen auf dem Boden um den Baum und packten unsere Geschenke aus. Unter anderem schenkte mir Greta einen Regenmantel, Gummistiefel und einen Südwester. Sie sagte, der Regen würde bald kommen. Und er tat es. Kurz nach Weihnachten begann es so in Strömen zu regnen, daß die Tropfen taubeneigroß wirkten. Wir zogen dann unsere Regenjacken, Hüte und Stiefel an und brachen in die Berge auf. Manchmal zogen fürchterliche Gewitter auf, und wir eilten zu dem höchsten Punkt, von dem man auf die See blicken konnte, und beobachteten die Blitze, die wie große Feuergräben durch den Himmel fuhren, und hörten den Donner auf uns herunterknallen. Wir waren immer glücklich und aufgekratzt in einem Sturm.

EINES TAGES kam sie direkt vom Studio sehr aufgeregt
zu mir nach Hause. Nachdem sie versucht hatte, mich raten
zu lassen, was sie im Schilde führte, erzählte sie mir schließlich, daß sie mit Irving Thalberg darüber gesprochen hatte,
daß ich eine Story für sie schreiben sollte. Sie sagte, er wolle
mich am nächsten Morgen sehen, und wenn ich eine Idee
hätte, würde er mich sicher unter Vertrag nehmen. Die
ganze Nacht wälzte ich mich im Bett hin und her und versuchte, mir eine Story auszudenken, die zu ihr paßte. Gegen Morgen hatte ich eine Idee und einen Titel, nämlich
Desperate. Es war eine romantische Geschichte, in der sie
einen ziemlich wilden Charakter spielte, so etwa wie Iris
March in *Green Hat*. In der Geschichte kam auch eine
Szene vor, in der die Hauptdarstellerin flüchtet. Ich ließ sie
diese Flucht als Junge verkleidet unternehmen. Greta war
von der Skizze begeistert, und einige Stunden später ging
ich ins Studio, um Thalberg zu sehen, den ich bereits bei
den Selznicks getroffen hatte.

Man gab mir ein Büro im Studio und ich begann dort zu
schreiben. Um fünf Uhr abends holte mich Greta immer
außerhalb des Studios ab, und wir gingen an den Strand
oder liefen in die Berge. Manchmal besprach sie während
dieser Spaziergänge verschiedene Szenen mit mir, die sie
am Tag gedreht hatte oder am nächsten Tag drehen würde.
Häufiger aber schwieg sie, entweder aus bloßer körperli-
cher Müdigkeit oder weil sie in sich gegangen war und über
ihre Rolle brütete und seelisch eine Einstellung ausarbeite-
te, die sie zu spielen hatte.

Ich beobachtete Greta bei der Entstehung all ihrer Filme,
mit Ausnahme von *Anna Christie*, und stellte fest, daß sie
niemals mit dem Kopf an einen Film heranging. Im Un-

terschied zu anderen Schauspielerinnen arbeitete sie niemals im voraus an einem Drehbuch oder plante, was sie in der Szene tun wollte. Statt dessen brütete sie ihre Rolle oder eine Szene oder eine besondere Einstellung, die sie zu spielen hatte, aus. Nie las sie ein Drehbuch sorgfältig vor dem ersten Drehtag, wenn sie in die Dekoration kam und zu dieser Figur wurde. Gewöhnlich überflog sie das Manuskript nur, und doch erkannte sie intuitiv die Grundbedeutung der Story. Ich hatte zu jener Zeit das Gefühl, wenn sie das Manuskript sorgfältig gelesen und studiert hätte, hätte sie tatsächlich den wesentlichen Sinn verfehlt. Wie die Duse ist sie, um es so zu sagen, erschütternd intuitiv. Greta bekam praktisch niemals Regieanweisungen für eine Szene. Sie ging in die Einstellung und, da sie wußte, welche Figur sie zu spielen hatte, wurde sie einfach und vollkommen zu dieser Figur. Sie stellte diese Figur nicht dar oder spielte sie, sie war sie wahrhaftig. Wie die Duse konnte sie diese Figur zum Leben erwecken.

Nur sehr wenige Außenstehende wußten, daß sie niemals ihre Aufnahmen ansah. Ich denke, sie begriff, wenn sie sich selbst auf der Leinwand gesehen hätte, hätte sie eine träumerische Fähigkeit in sich zerbrochen, die sie sich in ihrer eigenen Psyche geschaffen hatte. Sie ging auch niemals zu den Probevorführungen ihrer Filme und sah sie sich erst Jahre nach ihrer Fertigstellung an. Wenn sie es tat, litt sie sehr und dachte, sie hätte es viel besser machen können. Ich denke, alle Künstler empfinden so, wenn sie eine abgeschlossene Arbeit sehen. Zum Glück für den Theater-Schauspieler kann er dies nicht tun.

Ich ging zu jener Zeit oft zu Thalberg, um ihn für *Desperate* um Rat zu fragen und ihm zu zeigen, wie ich die verschie-

denen Szenen schrieb. Als ich zu der Szene kam, in der
Greta wie ein Junge angezogen sein sollte, trat er fest auf
und sagte, sie könne absolut keine Männerkleidung auf der
Leinwand tragen. »Möchten Sie ganz Amerika und alle
Frauenvereine gegen sie aufbringen? Sie müssen den Verstand verloren haben.« Als ich ihm sagte, daß Greta alles
über diese Szene wußte und sie im Drehbuch haben wollte, entgegnete er: »Sie muß ebenfalls den Verstand verloren
haben. Ich werde diese Szene ganz einfach nicht beibehal-
ten. Ich bin in diesem Geschäft, um Geld mit Filmen zu verdienen, und ich werde diesen hier nicht ruinieren lassen.«
Ich konnte nichts bei ihm erreichen, und die Szene wurde
gestrichen.

Dies brachte die ganze Story um ihre Struktur. Ich war sehr
entmutigt. Und noch dazu war Irving böse mit mir und hielt
mich für einen Dummkopf. Er sagte mir in unumstößlichen
Worten: »Wir haben die Garbo über Jahre als glamouröse
Schauspielerin aufgebaut, und nun kommen Sie daher und
versuchen, Sie in Hosen zu stecken und einen Affen aus ihr
zu machen.« Ich versuchte ihm zu erklären, daß er die ganze Idee nicht erfaßt hatte, aber er knallte einfach das Manuskript auf den Tisch und wollte es nicht diskutieren: »Die
Geschichte ist gestorben.« Ich ging nach Hause und fühlte
mich elend.

Greta hatte eine glänzende Idee. Sie sagte, sie würde gerne
Dorian Gray spielen, und ich sollte das Drehbuch schreiben. Ich erwiderte: »Du gehst zu Irving und erzählst ihm
diese Idee und läßt ihn dich rauswerfen – nicht mich!« Aber
sie hatte recht. Zu jener Zeit hätte sie die Rolle hervorra-
gend spielen können.

Ich war entmutigt, aber mit all seinen Prüfungen führte

mich Hollywood auf merkwürdige Art zu einem spirituellen Leben. Damals begann ich zu fasten und zu meditieren. Manchmal fastete ich fünf Tage und Nächte lang und ging für Stunden allein hinauf in die Berge, um zu meditieren. Greta nannte mich dann immer »verrückte mystische Spanierin«, aber sie war stets mitfühlend, wenn ich ihr erzählte, daß ich fastete. Sie ist selbst eine ziemlich verrückte mystische Schwedin.

VIELE DINGE sind über Greta geschrieben und gesagt worden; die meisten davon sind falsch, denn nur wenige kennen sie. Wer kann daran zweifeln, wenn man über das Ende ihrer Filmkarriere schreibt, daß sie noch für Jahre die Menschen beeinflussen und inspirieren wird, selbst wenn sie nie mehr in ihrem Leben einen Film macht? Ich denke, dies wird so sein, denn in ihrer Legende wird sie weiterleben.

Wie viele Künstler ist Greta oft oberflächlich kindlich. Zur gleichen Zeit, auf einer tieferen Ebene, hat sie, was ich eine »seelische Fähigkeit« nennen würde, so tiefgründig, daß es sie vom Leben fernhält und das, so denke ich, ist verantwortlich für ihre Distanziertheit. Sie ist nordisch, und es ist überraschend, wie stark sie diesem Typus entspricht. Sie ist zurückhaltend, aber die Geschichten über ihre Schüchternheit sind nicht richtig – sie ist niemals schüchtern. Sie ist emotional und hat Angst, es zu zeigen. Wenn sie unter Leuten ist, kann sie sehr fröhlich und voller Witz sein, aber allein neigt sie dazu, ernst und melancholisch zu werden. Ich verstehe dies, weil Spanier auch so sind.

Das Bedeutende ist, daß Greta als Künstlerin geboren

wurde. Eine so wahrhafte Kunst wie die Gretas »entsteht« nicht erst. Als geborene Künstlerin muß es für sie frustrierend gewesen sein, in einer konventionellen Familie und in dem Umfeld ihrer Kindheit und Jugend gelebt zu haben. In Stockholm ging sie Arbeiten nach, die keine Beziehung zu ihrer Seele und ihren Sehnsüchten besaßen. Bis sie den großen Regisseur Maurice Stiller traf, hatte sie keinen wirklichen Kontakt mit der Kunst, obwohl sie in der Royal Akademie von Stockholm spielte, als er sie traf. Nach ihrem ersten Erfolg in *Gosta Berling* in Schweden unter Stillers Regie und nach ihrem ersten Erfolg in Hollywood in *The Torrent* wurde sie schlagartig, gleichsam über Nacht berühmt. Wie sehr ist es ihr Verdienst, daß sie, trotz ihres Ruhms und ihrer verblüffenden Schönheit, gerade in Hollywood, mit all seinen Schmeicheleien und den frivolen Schlingen, die man ihr legte, ihre Würde behielt und ein einsames Leben führte.

Sie lebte nicht nur ein einsames, sondern auch ein einfaches und schlichtes Leben. Ungeachtet dessen, was vulgäre Schreiber davon zu Papier bringen, was ihre Butler, Diener, Chauffeure, Sekretäre und Bedienstete angeblich über sie getratscht haben, besteht die Tatsache, daß in den vielen Jahren, in denen ich in Hollywood war, sie gerade einmal drei Bedienstete hatte. Zwei davon waren Dienstmädchen – zuerst Whistler und dann Gertrude. James war ihr einziger Chauffeur. Ich bin davon überzeugt, daß sich diese drei Menschen ihr gegenüber immer loyal verhielten, und niemals über sie erzählten oder irgendeine Information über sie herausgaben. Ich finde, dies sollte im Hinblick auf die vielen Geschichten, die von Gretas »Phantom«-Bediensteten herausgegeben wurden, festgehalten werden.

Sie ging niemals in Nachtclubs und sie erlaubte niemals Produzenten oder Regisseuren, in eine mehr als berufliche Beziehung zu ihr zu treten. Ich erinnere mich gut, daß ihr Louis B. Mayer einmal einen riesigen Korb voller Blumen schickte. Als der Junge vom Blumengeschäft damit kam, wies sie ihr Mädchen an, ihn nicht anzunehmen. Ihr Gedanke war: »Welches Recht hat Mr. Mayer, sich die Freiheit zu nehmen, mir Blumen zu schicken?« Sie hatte nicht die geringste Angst, den Obersten ihres Studios und einen so mächtigen Mann wie Mr. Mayer zu beleidigen. Ihr Sinn für ihre Privatsphäre war so ausgeprägt, daß sie es als eine Beleidigung empfand, von jemandem, den sie nicht als Freund akzeptiert hatte, Blumen und Geschenke zu bekomme. Ich denke, inzwischen hat die Zeit diese Einstellung etwas gemildert, aber damals war sie sehr ausgeprägt.

Es wurde behauptet, daß dieser Sinn für Privatsphäre und Gretas Wunsch, »allein« zu sein, eine Pose seien, die ihr Agent Harry Edington, auf Veranlassung des Studios für ihre Publicity ausgekocht hatte. Das ist völliger Unsinn. Niemand, der Greta und ihre unfehlbare Rechtschaffenheit kannte, könnte je glauben, daß ihr Tun aufgesetzt gewesen sein sollte.

Sie litt unermeßlich unter Publicity und Zeitungsleuten. Dafür kann ich mich verbürgen. In jenen Tagen, als sie Tausende von Fanbriefen in der Woche bekam, litt sie darunter. Sie öffnete sie niemals, und sie wurden im hinteren Ateliergelände des Studios verbrannt.

Ich weiß, daß ihr diese Briefe schlaflose Nächte bereiteten. Sie ärgerte sich über die Absender, obwohl sie nichts mit ihnen zu tun hatte. Einmal, als ich zu ihr sagte, daß diese armen Fans es vielleicht bräuchten, ihr zu schreiben, ant-

wortete sie: »Aber welches Recht haben sie, in mein Privatleben einzudringen?«

Ihre wirkliche Tragödie ist, daß sie ein einsamer Wolf ist.
Egal wie sehr sie einen Menschen liebt und versucht, am
Leben dieses Menschen festzuhalten und ein Teil davon zu
sein, am Ende muß sie ihn gehen lassen und ihren eigenen,
einsamen Weg gehen. Manchmal wurde gesagt, sie habe
wenig Talent für Freundschaft. Ihr Problem ist, daß ihr
Freundschaftsniveau so hoch liegt, daß nur wenige Menschen ihm entsprechen. In ihrer selbstauferlegten Isolation
kann sie einen Freund nicht verstehen, der auch gesell-
schaftliche Unternehmungen braucht und vielleicht an den
unschuldigen Leichtfertigkeiten des Lebens teilnimmt. Für
sie, und das mit Recht, ist das Leben eine ernsthafte Angelegenheit. Sie ist im Sternbild der Jungfrau geboren, und
Jungfrauen sind oft überkritisch, sehr angespannt und into-
lerant. Sie sind auch sehr analytisch. Greta analysiert alles,
als ob sie ein Vergrößerungsglas auf das Leben hielte. Ihre
Analysen sind manchmal falsch, aber einmal sagte ich von
ihr: »Egal wie unrecht sie manchmal hat, in ihrem Irrtum
liegt sie von Zeit zu Zeit richtiger, als die Leute, die Recht
haben.«

Sie hat, was ich für eine sehr eindrucksvolle Fähigkeit hal-
te, eine tiefe Reinheit ihrer Absichten bei allem, was sie
macht. Ich denke, ihr größtes Problem und eines, das ihre
unsägliche Unglücklichkeit hervorruft, ist ein unterschwel-
liger Argwohn gegenüber den Menschen und dem Leben
selbst. Dieser Zug, so wurde mir erzählt, ist typisch skandi-
navisch und vielleicht bei Greta noch stärker als bei vielen
Skandinaviern. Südländer sind das genaue Gegenteil davon.
Wir schwimmen bereitwilliger mit dem Leben als das nor-

dische Geschlecht und gehen mehr aus uns heraus. Wir lassen es bereitwilliger darauf ankommen und riskieren etwas. Greta wagt nicht viel. Sie weicht unaufhörlich zurück, und wenn sie sich bewegt, bewegt sie sich vorsichtig und wird von ständigem Bedauern gequält, überzeugt davon, einen Fehler begangen zu haben.

Hinsichtlich ihres Argwohns ist Greta jedoch wieder ein Paradox, wie in den meisten Dingen. Sie ist oft bis zum letzten Blutstropfen gegenüber jemandem argwöhnisch, der wirklich ihr Freund ist, und vertraut einem anderen, der kein bißchen ihr Interesse im Sinn hat. Ihr Urteil ist oft launisch und nicht stichhaltig.

Greta kann vollständiger ein Gefühl von Mitleid und Beschützerinstinkt hervorrufen als irgend jemand sonst, den ich kenne – zumindest kann sie es bei mir, und ich denke, dies ist auch bei anderen Menschen der Fall. Obwohl es nichts Besonderes sein mag, gegenüber dem man sie schützen müßte, will ich sie verteidigen, sie beschützen, ihre Partei ergreifen. Vielleicht ist dies so, weil es da eine merkwürdige Traurigkeit in ihr gibt, die allem zugrunde liegt, das sie macht. Diese Traurigkeit lauert unter der Oberfläche, selbst in ihren fröhlichsten Augenblicken. Es ist eine Traurigkeit, die mir beständig das ewige Leiden aller Kreaturen bewußt macht. Darin liegt etwas Kosmisches – etwas, das mir ständig fundamentale und ernste Werte bewußt hält. Es weckt in mir ein starkes Gefühl von Mitleid – die Bereitschaft, ihr jede Unzulänglichkeit zu verzeihen, den Wunsch, ihren geringsten Schmerz oder Kummer auf meine eigenen Schultern zu nehmen. Ich habe oft diese Traurigkeit in ihr untersucht und ich denke, es ist eine Fähigkeit aller großen Seelen. Ich sage »Fähigkeit«, weil es eine Fähigkeit ist. Jedes Merkmal, das den Geist zu höheren Dingen erhebt und ihn zu tieferen Dingen vordringen läßt, ist eine Fähigkeit. Greta tut genau dies in ihrer Kunst und ihrem Leben. Das ist der Einfluß, glaube ich, den sie auf das Publikum hatte. Wenn die Menschen sie auf der Leinwand sahen, empfanden sie diese Erhebung des Geistes – diesen Kontakt mit den mystischen Kräften, die sie selbst noch nicht einmal verstehen konnte. Und doch hat sie niemals in einem Film gespielt, in dem ihre Rolle dieser Fähigkeit Spielraum und Dimension gegeben hat. Da dies aber so sehr ein Teil von ihr war, kam es so oder so durch, trotz der Rolle.

Gretas Kunst und Charakter verdienen eine viel ausführlichere Würdigung, als ich auf diesen wenigen Seiten leisten kann. Ich glaube, ich habe, indem ich dieses unbedeutende Bild von ihr als Künstlerin und als Mensch gezeichnet habe, nur die Oberfläche berührt. Ich habe nichts über Gretas äußerst starke mystische Fähigkeit gesagt, die, trotz ihres mangelnden Verständnisses dafür bei sich selbst, die meisten ihrer Beweggründe und Handlungen kontrolliert. Auch dieser Fähigkeit gegenüber ist sie unbewußt sehr mißtrauisch und versucht, sie zu unterdrücken und zu bekämpfen. Wenn sie sich ihr eines Tages vollkommen ergeben würde und sich immer von ihr leiten ließe, würde sie das, so glaube ich, geistig und seelisch ergänzen und kraftvoll zu sich selbst gelangen lassen. Sie wird es eines Tages – ohne den geringsten Zweifel.

Um Greta zu kennen – muß man den Norden kennen. Sie könnte den Rest ihres Lebens in südlichem Klima verbringen, aber sie wird immer mit all ihren nüchternen und introvertierten Wesenszügen nordisch bleiben. Um sie zu kennen, muß man wirklich Wind, Regen und dunklen, drückenden Himmel kennen – wirklich kennen. Sie besteht aus den Elementen – tatsächlich und symbolisch. Sie wird für immer, in dieser gegenwärtigen Inkarnation, ein Wikingerkind sein – in Aufregung versetzt durch einen Traum vom Schnee.

Hellmuth Karasek
Marilyn Monroe

1953 WURDE im Wilshire Theatre in Hollywood die
Film-Komödie *Wie angelt man sich einen Millionär* urauf-
geführt. Es war eine Hollywood-Premiere mit allem Glanz
und Pomp, nicht zuletzt, weil gleich drei weibliche Stars in
dem Film mitspielten, der die amerikanische Jagd nach
Glamour und Geld zugleich verklärt und ironisiert.
Lauren Bacall, die Humphrey-Bogart-Partnerin aus der
schwarzen Serie, kühl und elegant, mit einer perfekten
Maske eisigen Spotts vor der Festung ihres Herzens. Betty
Grable, blond und ein wenig pummelig, eine der erfolgrei-
chen amerikanischen Mixturen aus Sex-Appeal und »Girl
next door«-Schlichtheit, als Star der vierziger Jahre eine
Art Vorläuferin der Doris Day.
Und Marilyn Monroe.
Sie spielte die kleinste und komischste Rolle, galt in Hollywood als hüftenschwenkendes Dummchen, zwar mit einer
ungeheuren erotischen Ausstrahlung gesegnet, doch mit be-
schränktem Talent. In *Wie angelt man sich einen Millionär*
ist sie auch noch kurzsichtig bis an die Grenze der Blind-
heit. Da sie, aus Eitelkeit, beim schwierigen Geschäft des
Männerfangs nie eine Brille aufsetzt, stößt sie gegen Türen,
die keine sind, grüßt Kleiderständer und setzt sich in Flug-

zeuge, die ganz woandershin fliegen, als wo sie hin will. Nur gut, daß sie einen so atemraubenden Busen als Knautschzone und Tastorgan vor sich herträgt. Ihre Zusammenstöße mit der Welt wären sonst lebensgefährlich.

Dieses Geschöpf, das kaum etwas sieht, kaum etwas versteht und immer das Falsche sagt, wenn auch mit einer hinreißend piepsigen Stimme, gespielt von der am wenigsten bekannten der drei Schauspielerinnen, war dennoch der Triumph des Films. Und die Premiere am Wilshire Boulevard war dessen Krönung: Marilyn kam (wie so oft) zu spät, über eine Stunde zu spät. Sie hatte den aufregenden Tag damit verbracht, daß sie sich sechs geschlagene Stunden lang schminken und ankleiden ließ. Sechs Stunden wurde das Make-up aufgetragen, wurden die Lippen mit jener eigens für die Monroe entwickelten Mischung geschminkt, die ihren halbgeöffneten Lippen den feuchten Schimmer verliehen: ein obszönes Symbol der Verheißung.

In ihr trägerloses Abendkleid soll sie, so will es die Hollywood-Überlieferung wissen, eingenäht worden sein. Jedenfalls saß es um Hüften, Gesäß und Brüste so, daß die Männer johlend auf die Tribünen gestiegen sein sollen – auf den Straßen mußte man den Verkehr für ganze Blöcke umleiten, als sie im Cadillac vorfuhr.

Als die Präsentation der neuen schaumgeborenen und der Schminke entstiegenen Göttin vorüber war, noch vor der eigentlichen Party, zog sich die Monroe allein zurück, ließ sich in der berühmten Garderobe »M« (die sie von Betty Grable erobert hatte) abschminken, fuhr allein den Pacific Coast Highway hinunter und dann nach Hause. Dort konnte sie nicht einschlafen und griff daher zu Tabletten.

Eine Frau wird sechs Stunden lang zugerüstet, um sich dem

Marily Monroe

Bad in der Menge für ein paar Minuten zu stellen, Männer grölen und johlen, ein paar Frauen reagieren schockiert, säuerlich, neidisch, wohl auch ehrlich entrüstet.

Und das alles findet vorwiegend für die Blitzlichter der Photographen, für die Reporter statt, damit sich deren Adjektive später überkugeln. Dann ist alles schon vorüber, die Maske wird abgeschminkt, man wird aus dem Kostüm gepellt. Man schnappt noch ein paar Atemzüge Ozeanbrise, wälzt sich dann ruhelos im Bett, bis die Schlafmittel wirken.

Was für ein Tag! Es war, so sagte Marilyn Monroe, der schönste Tag ihres Lebens.

Nicht nur das. Es war, so läßt sich heute, aus dem Rückblick sagen eine Krönungsmesse der fünfziger Jahre. Es war die Inauguration eines Symbols, die Geburtsstunde einer Venus. Die knapp zehn Jahre von der Premierennacht des Films *Wie angelt man sich einen Millionär* bis zur Todesnacht der Marilyn Monroe, die am 5. August 1962 an einer Überdosis Schlaftabletten und Beruhigungspillen starb – diese zehn Jahre sind die Dekade der MM.

SIE WAR NICHT IRGENDEIN STAR der fünfziger Jahre, sie war einzigartig – das wird mit dem wachsenden Abstand immer sichtbarer. Wenn ihre Filme wiederaufgeführt werden, gewinnt sie, von allem Zeitgebundenen frei, den Glanz unmittelbarer Lebendigkeit zurück. Nicht nur ihre Schönheit wird zwanzig Jahre nach ihrem Tod noch immer gefeiert, auch die Geschichte ihrer Erfolge und ihres bitteren Endes wird wieder und wieder erzählt, als Frauenpassion in einer gefräßigen Männerwelt, als tragischer Star-Mythos, als Legende.

MM-Posters, MM-Bildbände, MM-Kultbücher noch und
noch. Schriftsteller haben sich des Stoffs angenommen. Ihr
Ex-Gatte Arthur Miller war schamloserweise der erste, der
das Ehedrama zum Schauspiel *Nach dem Sündenfall* auf-
geputzt hat, und Norman Mailer, der in verschiedenen Versionen romanhafte Marilyn-Biographien produzierte (in denen Kollege Miller natürlich, schon aus männlichem Neid,
keine gute Figur macht), wird nicht der letzte bleiben. MM
als Heldin von Schauspielern, Revuen, schließlich sogar
einer Oper: Das Aschenputtel-Märchen mit dem tragischen
Schluß lebt fort.

Posthum ist MM zum Gegenstand der Kunst geworden. Sal-
vador Dali und Robert Rauschenberg, Claes Oldenburg und
William de Kooning haben ihr malend gehuldigt. Andy
Warhol, wer sonst, hat die endgültige MM-Ikone geschaf-
fen, hat sie zur Mona Lisa des Hollywood-Zeitalters erhöht,
indem er die unendliche Vervielfältigung, die unbegrenzte
Vermarktung des einzigartigen Lächelns mit zum Kunst-
Thema machte.

Mit ihrem Tod, der in eine Aura des Dubiosen und My-
steriösen gehüllt bleibt, begann ihre Verklärung. Der Folk-
sänger Pete Seeger gab mit seiner Ballade »Who killed Norma Jean?« den Ton an, die Frauenbewegung nahm das
Thema auf: Marilyn Monroe, bürgerlich Norma Jean Baker,
als Opfer der skrupellos ausbeuterischen männlichen Show-
business-Maschine.

Die Monroe war sensationell photogen und sie ließ sich
schamlos gern photographieren. Vielleicht war sie – vom
Pinup zum Poster – die meistphotographierte, meistrepro-
duzierte Frau dieser Zeit.

IHRE EINZIGARTIGKEIT ist nachprüfbar, an ihren Filmen, nur elf insgesamt aus der Dekade von 1953 bis 1962. Die Vamp-Stars der vierziger Jahre, die von ihr verdrängt wurden (Rita Hayworth, Jane Russell, Betty Grable), die neuen Blondinen, die zur gleichen Zeit wie sie zu Ruhm kamen (die mondäne Grace Kelly, die pausbäckige Doris Day, die fleischige Kim Novak), und die Super-Sexbomben (Jane Mansfield, Anita Ekberg), die das Idol MM durch schiere Masse zu übertrumpfen versuchten: Sie alle haben längst ihr Plätzchen in der Hollywood-Geschichte; sie alle erscheinen, wenn man ihre Filme wiedersieht, als Produkte einer vergangenen Zeit; in ihnen werden Mode, Männergeschmack und Erotik von damals sichtbar; sie sind passé. Die Persönlichkeit der Monroe hingegen sprengt Rollenklischee und Epochenrahmen, sie erscheint auf der Leinwand lebendig und gegenwärtig wie eh und je.

Denkt man heute an die Monroe zurück, dann will es einem scheinen, als habe Hollywood mit ihr zum letzten Mal seine volle Pracht und Macht entfaltet.

Solange der Film fähig war, ein schönes Schmuddelkind zur Göttin zu erheben und der Pantoffelsphäre des Fernsehens ihren Kino-Glamour entgegenzusetzen, konnte das Fernsehen nicht siegen, denn sie war der Film.

Das zentrale Thema der fünfziger Jahre war der Widerspruch zwischen Sex und Moral, und in Marilyn Monroe war dieser Widerspruch Fleisch geworden.

Im Rückblick sind die fünfziger Jahre das amerikanische Jahrzehnt, Hollywood ist dessen Tempel und die Monroe die Altarfigur.

Damit der Sex, eigentlich doch verpönt und geächtet, erträglich, ja erstrebenswert wird, muß er in die totalste

Veräußerlichung getrieben werden, muß er eine Schimäre der absoluten Öffentlichkeit sein. Die Premierenszene vor dem Wilshire Theatre ist in ihrem Glamour, in ihrer Schamlosigkeit und in ihrer hoffnungslosen Leere und Einsamkeit dafür der beste Ausdruck.

Ganz gewiß lassen sich in dem bis zur Chaotik verstörten und gestörten Leben der Monroe Spuren, Verwundungen ihrer Kindheit ausmachen: die vaterlose Norma Jean Baker wächst bei Pflegeeltern und im Waisenhaus auf und rettet sich daraus mit sechzehn in eine glücklose Ehe. Großvater, Großmutter und Mutter waren zeitweise in psychiatrischen Anstalten. Die »Familie« besteht aus Wahnsinnigen, Glücksrittern und flüchtenden Männern.

Aber ebenso gewiß ist die gelebte Unordnung, die immer wieder hinter dem grell aufgeschminkten Glamour sichtbar wird, ist die Apathie, die das sinnliche Posieren von aktiv lasziven Kurven Lügen straft – gewiß ist das alles auch Ausdruck des ungelebten Lebens der Frau in den fünfziger Jahren.

Die Monroe ist jene Mannequin-Mischung aus Chaos und Disziplin, die bald zu fett wird, sich bald rigorosen Diäten unterwirft. Die tipptopp von Kopf bis Fuß auftritt (»wie aus dem Ei gepellt« hieß das damals) und aus deren Handtasche – wehe, wenn sie sich öffnet – das pure Durcheinander quillt. Verschütteter Puder mischt sich da mit verschmiertem Lippenstift. Münzen, Tickets, Schlüssel, Haarklammern und, vor allem, Pillen, Kapseln, Tabletten purzeln durcheinander.

In ihrem Bett liegen angenagte Hühnerbeine herum, wenn sie gefrühstückt hatte; Billy Wilder sieht mit Grausen auf dem Rücksitz ihres Autos die verknäulte Unterwäsche zwi-

schen den Schminkutensilien; Verkäuferinnen in New York
mokieren sich über ihren Körpergeruch und darüber, daß
sie beim Einkaufen keine Unterwäsche trägt. In ihrer New
Yorker Wohnung bleiben die in plötzlichen Kaufanfällen
erworbenen Sachen oft lange unausgepackt. Kleider und
Pelze hängen auf Drahtbügeln. In Kalifornien macht ihr
Haus, das doch das sehnlich erwünschte Heim werden soll,
einen so unaufgeräumten und uneingerichteten Eindruck,
daß ein Freund, dem Champagner angeboten wird, scher-
zend nach den Marmeladegläsern zum Trinken fragt.

In New York hat sie ein schön durchgestyltes Zimmer, weiß
die Möbel, weiß der flauschige Teppich. Aber auf dem Teppich ist ein riesiger gelber Fleck. Hundepisse. Auch ihr
Gästehaus in Kalifornien, so will es der Biograph Norman
Mailer wissen, stinkt nach Hunde-Urin – Details, in denen
das ganze haltlose Elend dieser veräußerlichten Zeit sichtbar wird, die ihre geschminkte Haut zu Markte trug.

Und dann die Unpünktlichkeit. Truman Capote, der mit ihr
nach einer Beerdigung noch auf einen Schluck in ein Lokal
geht, fürchtet, sie könnte erst nach Stunden von der Toilette
zurückkommen. Wegen des Schminkens? Weil sie sich Pillen einfüllt, Beruhigungs- oder Aufputschmittel, je nachdem?

Billy Wilder, der mit ihr bei *Manche mögen's heiß* (seinem
schönsten Film, ihrem schönsten Film, einem der schönsten Filme überhaupt) ein wahres Martyrium an Verspä-
tungen durchlebt, sagt von ihr: »Früher kam sie am Don-
nerstag, wenn sie für Montag bestellt war. Jetzt kommt sie
im Herbst, wenn im Frühjahr gedreht werden sollte.« Sein
Nervensystem verspannt sich so, daß er wochenlang nur
noch im Sitzen schlafen kann. Wer mit der Monroe gedreht

hat, habe sich das »Purple Heart« (die amerikanische Ver-
wundetenmedaille) verdient, hat er geschmerzt gespottet.
Als sie 1956 in England mit Sir Laurence Olivier *Der Prinz
und die Tänzerin* dreht, ist das scheinbar ein neuer Höhepunkt ihrer Karriere. Sie ist mit Arthur Miller verheiratet,
dem kritischen Intellektuellen Amerikas, sie dreht – erst-
mals in eigener Produktion – mit Sir Laurence, dem Inbegriff der europäischen Theaterkultur, und das amerikanische Halbwaisen- und Kellerkind, das einst auf Akt-
kalendern zu sehen war (»Ich tat es aus Hunger«), wird von
der Queen empfangen.

Und doch muß sie sich am Schluß der Dreharbeiten für ihre
Unpünktlichkeit und Unzuverlässigkeit demütig beim Team
entschuldigen: Die Fassade war nicht Tag und Nacht aufrechtzuerhalten.

Bei ihrem unvollendet gebliebenen letzten Film *Something's Got To Give* erscheint sie nur noch so unvorherseh-
bar und sporadisch zum Drehen, daß man sie feuert, obwohl sie der große Kassenmagnet ihrer Zeit ist.

UND DANN DIE NÄCHTE. Während nach ihrem Tod
sich bald ganze Heerscharen von Männern erinnernd brü-
steten, mit ihr das Bett geteilt zu haben, überliefern Zeu-
gen vor allem ihren Kampf um Schlaf. Ein Ritual hatte da
stattzufinden. Sie benutzte Wachspfropfen für die Ohren,
Augenklappen. Während sie sonst eher sparsam mit Unterwäsche war, zog sie zum Schlafen einen Büstenhalter an.
Die absolut lichtundurchlässigen Vorhänge wurden, damit
kein Strahl sie durchbohren konnte, zusätzlich mit Reiß-
zwecken am Fensterrahmen befestigt.

Die Nacht, eine Festung für den ersehnten Schlaf, der sich nicht einstellen wollte. Wenn man den Biographen glauben darf, dann bestanden Arthur Millers Nächte mit der Monroe vor allem darin, daß er mit ihr einen erbitterten Kampf um die Dosierung der Schlafmittel führte, weil er sie von dem Drogenmißbrauch runterbringen wollte. Manchmal bei ihren späteren Filmen kommt sie zu spät oder gar nicht zu den Drehterminen, weil ihre Augen von den vielen Tabletten verquollen und gerötet sind.

Als man sie 1962 tot auffindet, zeigt ihr Blut an, daß sie etwa 40 Schlaftabletten genommen haben muß. In ihrem Haus findet man, unter anderem, rund 40 Librium-Kapseln, 26 Sulfathallidine (die Krämpfe im Bauch lösen), leere Behälter, in denen sich das starke Schlafmittel Nembutal befunden hat, Chloralhydrat-Kapseln (eine schlaffördernde Beruhigungsdroge), eine leere Packung mit ursprünglich 50 Tabletten Noludar und rund 30 Kapseln in einem nicht beschrifteten Gefäß.

Falls man die Beruhigungs- und Schlaftabletten als Abwehr gegen das aufbegehrende Unbewußte, Puder und Schminke als Schutz gegen die Zumutungen der Welt sieht, dann hat sich Marilyn bewaffnet und ausstaffiert, so gut es eben nur ging.

Wenn es, auf der anderen Seite, wahr ist, daß sie nur dann wirklich lebte wenn sie drehte, wenn sie vor der Filmkamera oder der Linse des Photographen spielte, lächelte, posierte, dann hat sie sich ihrem »wirklichen« Leben durch eine seltsam panische Flucht entzogen: Sie war nicht nur zum Verzweifeln unpünktlich und launisch, sie war auch zutiefst unfähig, wie ein Schauspiel-Profi zu liefern, was verlangt wurde.

Von den Dreharbeiten zu *Manche mögen's heiß* ist überliefert, daß sie Szenen, in denen sie nur eine Zeile zu sagen hatte, bis zu vierzigmal geschmissen hat. Den Satz »Wo ist der Bourbon?« ließ Billy Wilder in sämtliche Kästen und Schubladen schreiben, in denen sie nach dem Bourbon zu wühlen hatte. Wer die tändelnde, ja tänzerische Leichtigkeit sieht, die Selbstironie, mit der sie in der Rolle des dummen, aber lieben Blondchens das Sexidol stürzt, das sie doch selbst aufgebaut hat, der mag das kaum glauben. Aber ihre Filme unterscheiden sich so von den Dreharbeiten wie, offenbar, ihr Leben von den Anekdoten, die über sie im Schwange sind.

DIE MONROE, der Sex-Star mit dem vulgären Touch, war ihr Leben lang auch und immer Pinup-Girl, Beute für das spießige Augenzwinkern, mit dem sämtliche Stammtische der westlichen Welt den Sex damals bewältigten. Sie hatte gelernt, in den Hungerjahren als Starlet und Photomodell, das Image der Frivolität zu bedienen, mit Posen und Sprüchen. »Was hatten Sie an, als diese Photos gemacht wurden?« »Das Radio.«

Die Monroe, das Männergeschöpf, sollte auch von Kopf bis Fuß von Männern gebaut worden sein. Und wahr ist, daß die Sexgöttin eine Kunstfigur war, der man das eher brünette (oder eher rötliche) Haar blond färbte (sie selbst soll sich, laut ihrer Zofe, die Schamhaare gebleicht haben, um weiß gekleidet und ohne Slip ausgehen zu können), der man einen Knorpel im Kinn einoperierte, einen Huckel in der Nase entfernte, nachdem man ihr längst die Zahnstellung begradigt hatte.

Selbst der Name mußte dran glauben, aus Norma Jean
Baker wurde Marilyn Monroe, MM. Die amerikanische
Banal-Psychoanalyse hatte den Männern gerade beigebracht, daß sie deshalb so nach Brüsten lechzten, weil man
sie als Kind zu früh von der Mutterbrust entwöhnt habe.
MM, das war ein Name wie ein schmatzender Saugelaut,
der laut-gewordene Busenfetischismus.

Die Monroe hat sich darüber nie beschwert, im Gegenteil.
Falls ihre Vertrauten nicht lügen, hat sie es genossen, noch
allein nackt vor dem Spiegel zu posieren und dabei stolz
auf ihre Brüste zu sein. Klar, sie wußte, was ihr Kapital war.
Ob ihre Verstörungen der Preis dafür waren, wußte sie
nicht.

MM, ihre Filme, ihr Leben, ihre Männer – das waren die
fünfziger Jahre: Auch Korea gehörte dazu, wo sie vor den
GIs sang, die unter MacArthur die Kommunisten zurück-
schlugen; das aus tausend Soldatenspinden ins leibhaftige
Konzert gestiegene Pinup-Girl, das die Truppe mit ihrem
Sex anheizte – eine Szene, deren makabre Gruseligkeit
Coppola noch in seinem Vietnam-Film *Apocalypse Now*
nachwirken ließ.

Für Hollywood in den fünfziger Jahren ließ sich Sex auf
zweierlei Weise verkaufen. Einmal als gefährlich und tra-
gisch. Und einmal als erstrebenswert und komisch. Beide
Male wurde etwas zerstört. Im Melodram zerstörte Sex den
Menschen (und die Ehe), in der Komödie die Ehe den Sex.
Dabei durfte gesungen werden.

Die Verkörperung des gefährlichen Sex ist der Vamp, das
todbringende blonde Gift. Der Inbegriff des ungefährlichen
Sex ist die dumme Blondine – zum Vamp ist sie zu doof und
zu lieb, man kann sie also beruhigt heiraten. Daß es dann

mit dem Sex aus ist, merkt der Zuschauer nicht mehr. Der Film ist da längst zu Ende.

Soweit in vergröberten Zügen die Sex-Theorie des Hollywood der Fünfziger. In den ersten beiden Filmen, die auf den kommenden Star MM bauten, sollte diese Theorie in die Praxis umgesetzt werden. Doch es erwies sich, daß Marilyn, in der einen wie in der anderen »Verpackung«, die Theorie erfüllte, indem sie sie in der Praxis zerstörte: Sie strahlte – als blonder Vamp in *Niagara*, als liebes Dummchen in *Blondinen bevorzugt* auf der Leinwand soviel sinnliche Präsenz, soviel weibliche Unmittelbarkeit, soviel Individualität aus, daß sie alle Rollen-Klischees weit hinter sich ließ – das machte sie damals so irritierend, das macht sie heute unsterblich.

Niagara ist, trotz der langen lasziven Gänge der Monroe, trotz des expressionistisch gestellten Mordes im Glockenturm, gewiß kein großer Film. Das heißt, er wäre kein großer Film ohne die Monroe: Sie spielt eine Frau, die mit ihrem Liebhaber ihren Mann umbringen will – in den Niagara-Wasserfällen, die gleichzeitig auch, ziemlich aufdringlich, die ungebändigte Kraft der Sexualität symbolisieren.

Ringsum gibt es lauter anständige normale, gezähmte Leute, patente Amerikaner, hilfsbereit und fröhlich. Die Monroe ist der träg-laszive Vamp. Sie ist ängstlich und traurig. Sie muß sterben, obwohl sie schön ist. Sieht man den Film heute, weit weg von den fünfziger Jahren, dann erscheinen die normalen, hilfsbereiten, netten Leute als vampartige Schreckgespenster der Spießigkeit. Nur die Monroe und ihr fast wehrloses Opfer Joseph Cotten haben eine anrührende Hilflosigkeit, sind so unschuldig getrieben, daß sie von den dröhnend lachenden Normalen buchstäblich in die Vernichtung gejagt werden.

Niagara war und blieb Marilyn Monroes einzige melodramatische Vamp-Rolle. Sie zeigt, daß MM für diesen Typus glänzend ungeeignet war: In ihrer sexuellen Unwiderstehlichkeit schwingt soviel Hilflosigkeit und anrührende Schwäche mit, daß es unmöglich erscheint, sie zu verdammen.

Auf *Niagara* folgte *Blondinen bevorzugt*, eine Komödie im Dienst der Kino-Weisheit, daß schöne Frauen und reiche Männer zusammengehören und daß die reichen Männer, weil sie nicht automatisch auch die geilen Männer sind, mit Sex zum Zugreifen gebracht werden müssen: Sex als weibliche Verkaufsstrategie.

Und als Hollywood-Verkaufsstrategie. In *Gentlemen prefer Blondes* werden gleich zwei Sexbomben an die Filmfront geworfen: MM und die von Howard Hughes erfundene Jane Russell (für die der legendäre Millionär und Flugzeugbauer eigens einen Büstenhalter konstruiert hatte). Da spielt die Monroe (und von ihr mitgerissen auch die Russell) den dummen Sex, der reichen Männern gerade recht ist – Diamantengier und Treue gehen Hand in Hand.

Aber gleichzeitig spielt die Monroe mit hinreißendem Witz und Charme das Dummchen als Wunsch und Abziehbild des dummen Männerhirns. »Ich bin so, wie ihr euch das vorstellt«, scheint sie augenzwinkernd zu sagen, »weil ich nur überleben kann, wenn ich so bin.« Sie zeigt das trivialste und geschmackloseste Frauenbild, aber sie führt es mit einer so komischen Verve vor, daß die Trivialität und Geschmacklosigkeit nur auf den sie anstarrenden Männern hängen- und klebenbleibt.

Der Sieg der Sex-Komödiantin von *Blondinen bevorzugt* über den melodramatischen Vamp von *Niagara* war eindeutig. Er führte – alles im Durchbruchs-Jahr 1953 – zum krönenden Premieren-Triumph mit *Wie angelt man sich einen Millionär*, und er führte zu den beiden Billy-Wilder-Fllmen, in denen die komödiantische Sexbombe MM ihre heitersten, strahlendsten Leinwand-Augenblicke erreichte. »Wir werden Filme übers Bumsen drehen und damit sehr, sehr reich werden«, hieß das Credo des Wiener Emigranten Billy Wilder in Amerika. Filme über das Bumsen waren tabu, und so hat er wunderbare Komödien um dieses Tabu herum gedreht.

In *Manche mögen's heiß* heißt die Komödie ums verbotene Bumsen *Nobody is perfect*. Der Film amüsiert sich über den blutigen Valentinstag in Chicago und darüber, daß Homosexualität noch verbotener als anderer Sex ist. Er amüsiert sich auch darüber, daß die Monroe, die sich wieder einen Millionär angeln will, einen armen Musiker bekommt. In *Manche mögen's heiß* stimmt nichts mehr: Ein altersgeiler Millionär muß wider Willen schwul werden, und die Monroe muß wider Willen arm heiraten. Wenn es um Sex geht, legt man den besten Freund herein, wenn man arbeitslos ist, spielt das Geschlecht keine Rolle mehr. Für einen Job zieht man einen Rock an und stöckelt auf hohen Schuhen, auch als Mann: Wilder bringt das Kunststück fertig, den Liebhaber der Monroe in einen Tuntenfummel zu stecken. Aus so schrecklich ernsten Themen die lustigste Komödie zu machen, das ist schon Spiel mit Tabus in Vollendung. Und mit wieviel Witz und Schlauheit die Monroe hier ein gutartiges Dummchen vorführt – zu dumm, um vom eigenen Sex-Appeal etwas zu ahnen, und deshalb so unwider-

stehlich –, das allein würde ihr mehr als nur eine kleine
Unsterblichkeit sichern.

WENN DIE BIOGRAPHEN und Apologeten der Monroe klarmachen wollen, was sie für eine außerordentliche
Frau war (und ist), rühren sie die absonderlichsten Dinge
an. Als ob es um ein posthumes polizeiliches Führungs-
zeugnis ginge, wird hervorgehoben, daß sie zweihundert
Bücher besessen habe, daß sie Rilke und Dostojewski habe
lesen können, ja daß sie, man staune, sogar Schach gespielt
habe. Es ist fast wie ein Trick mit einem dressierten Pudel.
Monroe-Apologeten verweisen auch gern auf ihre Ehe mit
Arthur Miller: Da habe sich, laut damaliger Werbespot-
Sprache, der amerikanische Körper (nämlich sie) mit dem
amerikanischen Hirn (nämlich ihm) vermählt. Millers Vor-
gänger DiMaggio muß demnach der amerikanische Base-
ballschläger gewesen sein, der den US-Büstenhalter heiratete.
Feinere Gemüter führen, zur Aufwertung der Monroe, Lee
Strasberg an, den berühmten Europäer und Schauspiel-
lehrer New Yorks, der sie im »Actor's Studio« in die geho-
benen, mit amerikanischer Psychoanalyse aufgemotzten
Methoden Stanislawskis eingeführt hat.
Strasbergs Einfluß wird gerne mit dem Film *Bus Stop*
belegt, den auch noch ein »echter« Stanislawski-Schüler,
nämlich Joshua Logan, gedreht hat. Hier sei die Monroe
schauspielerisch am besten, sagen die Leute, die sie nur mit
den Strasberg-Weihen als Schauspielerin gelten lassen wollen. Das mag so stimmen, kann aber nicht darüber hinweg-
trösten, daß der Film sonst keineswegs meisterhaft ist.

Und daß die Monroe da die ganze Vergangenheit einer Figur mitspielt, sollte nicht vergessen machen, daß sie in ihren großen Komödien statt dessen eine Zukunft vorwegspielt, bei der grelle Travestie und feinfühliger Realismus, Witz und Mitgefühl sich auf das schönste die Waage halten. Nein, der Monroe muß man keine Bibliothek gutschreiben und keinen Schauspiel-Guru in den Lebenslauf setzen. Sie war ein Naturereignis, das sich auch ohne und trotz Strasberg Bahn brach. Ihr Körper hatte Geist, ihre Kurven besaßen Esprit. Wie anders wäre denkbar, daß sie noch dann Sexgöttin war, als man im Film sah, daß sie einen Bauch hatte. Da hatte die Monroe keine »tolle Figur«. Sie erspielte sie.

Als Amerika Anfang der sechziger Jahre zu neuen Ufern aufbricht, ist der anrüchige Pin-up-Star von einst hoffähig geworden. Marilyn singt, die Drehtermine an der Westküste souverän außer acht lassend, an der Ostküste für den neuen Präsidenten, für John F. Kennedy, ganz offiziell »Happy Birthday to you, happy birthday to you, happy birthday, Mr. President...«

Sie ist der Star, die Kennedys zeigen sich liberal, ohne muffigen Puritanismus. Die Monroe im Weißen Haus – das gehört zu den Anfangsverheißungen der Kennedy-Monarchie auf dem Präsidentenstuhl, das ist etwas wie ein Signal.

Denn war nicht Arthur Miller erst vor ein paar Jahren von Kommunistenjägern vor den Senats-Ausschuß für unamerikanische Umtriebe gezerrt worden? Und hatte seine Verlobte Marilyn Monroe nicht trotz drohendem Hollywood-Boykott entschlossen zu ihm gestanden? Zwar bekam Miller seinen Paß, obwohl er Aussagen verweigerte. Und die Monroe wurde von Hollywood nicht in die Wüste ge-

schickt. Aber mit einem blauen Auge als Kommunisten-
sympathisant davonkommen und offiziell zum Entertain-
ment des Präsidenten gehören, zu dessen Kultur-Clan, das
waren dann doch zwei Paar Stiefel.

Und doch – die Monroe im Weißen Haus, das behielt einen
Ruch von Madame Pompadour in Versailles. Die Klatsch-
geschichten, die MM bald mit Kennedy dem Ersten, bald
mit Kennedy dem Zweiten in Verbindung brachten, mit
John F. oder mit Robert F. oder gar mit beiden nacheinander, blühten und blühten.

So nahm es auch nicht wunder, daß die Kennedy-Brüder in
den merkwürdigen Tod der Monroe als hartnäckiges Ge-
rücht eingewoben wurden – lange vor ihren merkwürdigen
Toden, und noch lange danach wurde von Marilyns Ster-
bebett ein Gebräu aus Geheimdienst und Mafia-Mordstorys
kolportiert.

TATSÄCHLICH GIBT ES ein paar seltsame Fakten, ein
paar rätselhafte Umstände, die ihren Tod geheimnisvoll
machen, über den drei Versionen kursieren: Selbstmord
aus Depression, Selbstmord aus Versehen, also ein Unfall
mit tödlichen Folgen, und Mord.

Sie hatte zwar unheimliche Mengen Schlaftabletten (rund
vierzig Stück) genommen, die man im Blut nachweisen
konnte, aber im Magen fand man nicht eine Spur. Sie hatte
auch nicht erbrochen, wie in solchen Fällen üblich, und von
der Gelatine der Kapselhülsen fand sich nirgends auch nur
ein schwacher Rest.

Was die Mißtrauischen am stärksten als Spur zum Kennedy-
Clan zu führen scheint, sind die verschwundenen Belege

über die von MM geführten Telephonate. Die nämlich habe der Polizeichef von Los Angeles sofort beschlagnahmt und verschwinden lassen, so daß bis heute nicht festzustellen sei, mit wem sie in den letzten Tagen und vor allem in der letzten Nacht telephoniert habe.

Dieser Polizeipräsident aber habe sich damit gebrüstet, er würde bald als Nachfolger von Hoover Chef des FBI werden. Und zu diesem Posten könne ihm doch niemand besser verhelfen als der Justizminister, also Robert F. Kennedy, der sich damit für einen großen Gefallen dankbar erweisen könnte.

Die Beteiligten sind alle tot, auch der Polizeiboß, der die Telephon-Belege für immer sichergestellt hat. Was lebt, ist (auch) die Legende vom Tod der Marilyn Monroe, die nackt mit dem Telephonhörer in der Hand auf ihrem Bett gefunden wurde. Wollte sie noch jemanden zu Hilfe rufen? Und wenn ja, wen? Sexgöttinnen sterben nicht einfach so, sie verschwinden in einer Wolke von Vermutungen und Spekulationen. Die nicht enden wollenden Gerüchte um ihren Tod lassen sich gewiß auch ganz und gar prosaisch aufklären. Mit Büchern aber, die mit dem geheimnisvollen Dunkel und dem letzten Bettgeflüster des größten Sexstars Hollywoods gefüllt sind, lassen sich, immer noch, glänzende Geschäfte machen. Wichtigtuern garantiert noch die Tote öffentliche Aufmerksamkeit.

Aber daß eine solche Tote auch nach beinahe vierzig Jahren nicht ruht, sondern in den Träumen und Phantasien einer neuen Generation von Bewunderern fort und fort lebt, gehört zur Idolatrie, zum Hollywood-Märchen, zur Monroe-Sage. Sexgöttinnen werden aus Träumen geboren, und sie werden in Träume entrückt.

Johannes Schweikle
Evita Perón

WER AUF RECOLETA LIEGT, hat's geschafft. Wer hier begraben ist, den zählen die Lebenden zu den Reichen und Berühmten Argentiniens. Jeder Quadratzentimeter Friedhofsboden ist kostbar. Die Mausoleen aus schwarzem Marmor stehen dicht an dicht wie die Häuser in der Dreizehnmillionenstadt Buenos Aires. Die Baustile sind genauso wild gemischt, und wie draußen die Straßen ordnen hier die Wege die Totenhäuser zu rechteckigen Blocks.

Die berühmtestenToten haben einen Wegweiser bekommen – etwa Domingo Sarmiento, Staatspräsident von 1868 bis 1874. Neben dem Obelisken auf seinem Grab wurde eine Wand drei Meter hoch gemauert, damit Platz war für all die Gedenkplaketten. Die Stadt San Juan hat eine gestiftet, auch die Stenographen aus dem Nationalkongreß haben eine Plakette montieren lassen. Wir studieren die in Bronze gegossene Nekrophilie, und schon nach ein paar Minuten fragen Passanten nach dem Grab von Evita. Sie liegt drei Blocks weiter, zu ihr führt kein Wegweiser. Die Friedhofswärter haben sich in den Schatten zurückgezogen.

AM 7. MAI 1919 wurde Eva, später Evita genannt, als uneheliches Kind des Gutsbesitzers Juan Duarte geboren. In dem Provinzdorf Los Toldos lebte die Mutter mit ihren fünf Kindern in einem Raum. Kinder wie Eva nannte man Bastarde.

Esther Goris ist Evita, und seither hat sie Herpes. »Vom Streß«, sagt sie. In einem aktuellen argentinischen Kinofilm durchlebt sie die letzten Jahre der Evita Perón. Goris ist 33 – so alt wie Evita, als sie starb. Ihr schmales Gesicht drückt die gleiche Energie und Zähigkeit aus. Sie schminkt sich, ein Photograph will sie als Evita aufnehmen. Die Schlafzimmertür öffnet sich einen Spaltbreit, die Schauspielerin streckt ihren dünnen Arm raus. »Mein Haar und meinen Whisky!« ruft sie mit dunkler Stimme. Die blonde Perücke liegt im Wohnzimmer, wo Drucke von Otto Dix und Egon Schiele an den Wänden hängen.

»IN UNSEREN KREISEN hat man über Evita gelästert«, erzählt Roberto T. Alemann. Der 74jährige residiert mitten in Buenos Aires in einem großbürgerlichen Palais aus den zwanziger Jahren, in den hohen Räumen ist es selbst dann angenehm kühl, wenn draußen die Hitze mit 35 Grad in den Straßenschluchten steht – wenn kein Lufthauch weht und Abgase und Staub sich als schwarzer Film auf die Haut legen.

Alemann trägt einen grauen Anzug mit weißem Einstecktuch. Der Sohn deutscher und schweizer Einwanderer sitzt in Aufsichtsräten, hat Beraterverträge mit internationalen Firmen und gibt das deutschsprachige *Argentinische Tageblatt* heraus – er ist ein Verleger in der vierten Generation.

Evita Perón
(Photo: Gisèle Freund)

Wenn Alemann seinen Redaktionsleiter tagsüber irgendwo
in Buenos Aires trifft, fragt er ihn scharf: »Was machen Sie
denn hier?« Und wenn er ins Auto steigt, springt einer seiner Angestellten vors Haus und hält den Verkehr an, damit
der Verleger ungehindert in die Straße einbiegen kann.

»WIR ARGENTINIER sind mal wieder hintenan«, motzt
Verónica, als sie erfährt, daß der Madonna-Film in
Deutschland einen Monat früher angelaufen ist als in Argentinien. Verónica hängt mit fünf Freundinnen im Madonna-Fanclub »Erotica« herum. In einem Vorort von Buenos
Aires, wo die Häuser nur zweistöckig sind und Autowracks
mit platten Reifen zum Straßenbild gehören, haben sie ein
leerstehendes Parteilokal der Peronisten zum Kultraum
umgestaltet. Teile der Holzdecke haben sich aus der Veran-
kerung gelöst. Der Reporter will die Madonna-Poster
zählen, die alle Wände bedecken. Er zählt bis 78, nach der
ersten Wand gibt er auf.
Einige Bilder zeigen den Popstar, er täuscht Sadomaso-
Orgien vor. Aus dem Ghettoblaster dröhnen Madonnas Lieder, die Jungen und Mädchen reiben tanzend die Becken
aneinander. Alle sind um die Zwanzig, aber ihre Erotik hat
die Unschuld von Kindern vor der Pubertät.
Mit Fünfzehn ging Eva Duarte nach Buenos Aires, wo sie als
Schauspielerin Karriere machen wollte.
In der Avenida Suárez duftet es nach gebratenem Rind-
fleisch. Eine Ortsgruppe der peronistischen Partei im Ha-
fenviertel La Boca veranstaltet am Samstag nachmittag ein
Asado. Auf dem Gehweg ist ein einfacher Grill aufgebaut.
Die Bordsteine sind hier hoch, weil das Viertel regelmäßig

vom Río de la Plata überschwemmt wird. Ein kräftiger Händedruck für den *compañero*, und eine Hand schiebt den Reporter ins Haus. Unter der Decke hängt ein verbeulter Heizstrahler, der Rolladen ist verrostet. Eine Funktionärin und dreißig Mitglieder der Seemannsgewerkschaft essen nach Herzenslust. Erst gibt's Bratwurst und Salat, Weißbrot und Wein aus Colabechern. Dann bringt jemand Rinderrippen vom Grill, und als die Papiertischdecke mit Fettflecken gesprenkelt ist und der Gast denkt, jetzt seien alle satt, kommen dicke, blutige Steaks auf den Tisch.

An den Wänden ist das Parteiprogramm zu lesen, der Untergrund leuchtet in der Nationalfarbe Blau. Ein Plakat zeigt den Präsidenten Perón und postuliert: »Für die Peronisten gibt es nur eine Klasse von Menschen – solche, die arbeiten.« Gleich auf zwei Plakaten ist Perón mit Manuel de Rosas, dem ersten Diktator Argentiniens, zu sehen – er ließ im 19. Jahrhundert ein Prozent der Bevölkerung umbringen. Evita bringt es auf fünf Poster. Ein Pin-up-Kalender hängt unter dem heiligen Cayetano, dem Schutzpatron der Arbeiter.

Zeitzeugen hielten Eva Duarte für eine schlechte Schauspielerin. Erst Affären mit einflußreichen Männern brachten ihr Erfolg; 1942 besorgte ihr ein Seifenfabrikant ein eigenes Radioprogramm. Sie sprach Hörspiele wie »Die Liebe erblühte, als ich dich traf«.

Eine Gruppe deutscher Touristen besucht das Grab Evitas auf dem Recoleta-Friedhof. Die Präsidentengattin liegt in einem Mausoleum aus schwarzem Marmor. Verehrer haben Rosen und Nelken ins gußeiserne Türgitter gesteckt. Ihr einbalsamierter Leichnam sei auf einen Meter fünfzig geschrumpft, erklärt die Führerin. Ein Deutscher fragt seine

Frau, die photographieren will: »Soll ich die Spinnweben abmachen?« Eine Amerikanerin drückt sich in den engen Gang zwischen den Grüften und sucht einen Standort zum Filmen. Etwa 200 Besucher kommen jeden Tag zum Grab – Amerikaner, Deutsche, Schweizer, ab und zu auch ein Argentinier. Eine alte Einheimische berührt das Bronzerelief Evitas und verharrt still. Dann führt sie die Hand an die Lippen, küßt die Finger und bekreuzigt sich.

»SIEBEN JAHRE LANG wurde ich immer wieder gefragt, ob ich Evita spielen wollte«, erzählt Esther Goris. Doch keines der vielen Filmprojekte wurde je realisiert – bis vor einem Jahr Madonna kam und in Buenos Aires zu drehen begann. Im Juni erhielt Esther Goris ihre Evita-Rolle. In einer Woche nahm sie mehrere Kilo ab, um die vom Krebs ausgezehrte Evita glaubhaft zu verkörpern. Der Regisseur peitschte die Dreharbeiten in sieben Wochen durch. Der Tag hatte achtzehn Stunden, ein Wochenende gab es nicht. Als *Eva Perón* im Oktober 1997 in die Kinos kam, strömten die Argentinier in diesen Film wie in keinen anderen. »Das ist Tradition«, sagt Esther Goris. »Was das Ausland tut, machen wir nach. So war es auch mit dem Tango. Erst als er in Paris Erfolg hatte, wurde er in Buenos Aires salonfähig.«
Ausgerechnet Madonna verhalf dem verblaßten Bild Evita Peróns zu neuem Glanz. Bereits 1994 hatte Hollywood angekündigt, eine Filmadaption des Musicals *Evita* von Andrew Lloyd Webber in Buenos Aires zu drehen. Prompt kamen in Argentinien ein Evita-Roman und mehrere Biographien der Präsidentengattin auf den Markt. Zeitungen und Zeitschriften befassen sich immer noch mit ihr.

Ehrfurchtsvoll nennen sie Evita einen »Mythos«, weil das Wort das Bild noch mehr zum Glänzen bringt.

1944 machte Eva Duarte die Bekanntschaft mit Oberst Juan Domingo Perón. Er war der starke Mann hinter der Militärregierung. Eva Duarte wurde seine Geliebte.

Evita war eine Frau *con mucho amor* – mit viel Liebe, sagt Irma Farias. Sie ist 49 und lebt bei ihrer Mutter in La Boca. Ein halboffener Gang führt zu ihrer Zweizimmerwohnung im Hinterhof. Die abgetretenen Fliesen sind frisch gewischt, es riecht nach Chlor. Irma Farias stammt aus einer peronistischen Familie, war 24 Jahre Gewerkschaftssekretärin und hält große Stücke auf die Sozialpolitik Peróns. Wenn sie über Evita redet, zählt Politik wenig. Es fallen die Begriffe wie Charisma und Leidenschaft – und immer wieder Liebe.

Auf der Kommode im Wohnzimmer stehen zwei Porzellanfiguren: ein Paar beim Tanz, üppig herausgeputzt. Daneben steht ein Plastikpferdchen, und vom Kühlschrank blickt milde ein romantischer Jesus mit wallendem Haar und strahlendem Herz.

Irma Farias zeigt ihre Evita-Bücher. Auf den Photos ist Evita Perón meist blond. »Eigentlich hatte sie kastanienbraunes Haar«, erzählt die Gewerkschafterin. Evita lacht strahlend auf den Photos. Sie ist sorgfältig geschminkt, trägt Pelze und schulterfreie Abendkleider, extravagante Hüte und dicke Perlenketten. Wie paßte der Luxus zu einer Frau, die den Reichtum weniger anprangerte und von ihren »geliebten *descamisados*« sprach, den Hemdlosen? Irma Farias nimmt daran keinen Anstoß. Sie trägt eine japanische Plastikuhr. Ihre langen pechschwarzen Locken verdecken einen Buckel. Evita ist für sie der Inbegriff weiblicher Schönheit. Sie sagt: »Evita war eine Königin.«

IM STADTPARLAMENT von Buenos Aires ist Evitas
Büro immer noch zu besichtigen. Das Monumentalgebäude
aus den dreißiger Jahren scheint auf drei Stockwerke
hohen Halbsäulen zu ruhen, es läßt den Besucher sich win-
zig fühlen. Hinter der klassizistischen Fassade findet ein
Heer von Staatsdienern sein Auskommen. In jedem Aufzug
steht ein Fahrstuhlführer. Als im Lift der erste Stock ange-
zeigt wird, ruft der Mann: »Primero!« Dann geht es durch
lange, verwinkelte Gänge mit vielen Büros und Kabuffs.
Zweimal wird der Besucher kontrolliert, das Büro Evitas ist
ein Sicherheitsbereich. Der erste Posten sitzt an einer ge-
drechselten Schranke, der zweite hinter einer verspiegelten
Glastür, die sich nur auf Klopfen öffnet. Die Wächter wirken völlig gelassen. Sie wollen wissen, was Deutsche von
Argentinien halten, kommen aber gleich auf Evita zurück.
»Sie hat zuviel gearbeitet«, sagt der eine. »Deshalb ist sie so
früh gestorben.«
*Im Oktober 1945 wurde Juan Perón von rivalisierenden
Offizieren verhaftet. Seine Freundin Eva Duarte organisier-
te einen Volksaufstand. Am 17. Oktober kam Perón frei. Am
nächsten Tag heiratete er Eva Duarte de Perón.*

DER VERLEGER Roberto Alemann ist Evita nie begegnet, obwohl sein Verlag nur ein paar Häuserblocks vom
Präsidentenpalast Casa Rosada entfernt ist. »Auf ihren
Kundgebungen hatte ich nichts verloren«, sagt der alte
Mann. Doch auch der Antiperonist versagt der starken Frau
nicht den Respekt. »Sie hat sich mit gewaltigem persönli-
chen Einsatz in der Sozialpolitik engagiert.« Ihren Reden
bescheinigt er Verve, und ihren politischen Instinkt schätzt

er hoch ein: »Wenn sie nicht so früh gestorben wäre, wäre Peron nicht gestürzt.«

Lorenzo Olarte ist Nachtwächter in der Zentrale des Gewerkschaftsbunds CGT. Der 66jährige ist kräftig und schaut jeden Besucher von unten mit wachsamem Blick an. Seine braunen Augen glänzen, als er erzählt, wie er als junger Mann am 1. Mai 1951 aus der Provinz Corrientes in die Hauptstadt kam, um Evita zu sehen – er erinnert sich genau an alle Einzelheiten. Die Präsidentengattin sprach vom Balkon der Casa Rosada, und die ganze Plaza de Mayo war voller Menschen. »Die Leute haben ihre Wünsche auf Zettel geschrieben, sie auf Stecken gespießt und zum Balkon hochgereicht.«

Seit 1947 ist Señor Olarte Peronist. »Damals hat ein Arbeiter so gut verdient, daß er allein eine ganze Familie ernähren konnte«, schwärmt er. »Und abends gingen wir noch ins Kino.« An seinem Schlüsselbund hängt ein Blech-Medaillon mit dem Portrait von Juan Perón, daneben baumelt eine in Plexiglas eingeschweißte Evita-Briefmarke. »Für uns Peronisten ist sie eine Heilige«, sagt er fest, »und in 200 Jahren wird der Vatikan sie heiligsprechen.«

1946 wählte Argentinien Juan Perón zum Präsidenten, vor allem Arbeiter und Gewerkschafter. 1947 beschloß der Kongreß auf Druck Evitas das Frauenwahlrecht. In der peronistischen Partei führte Evita die Frauenquote ein. Zugleich aber errichtete Perón ein zunehmend diktatorisches Regime.

Niemand aus dem Madonna-Fanclub hat den Film mit Esther Goris gesehen, und keiner hat Geld für Evita-Bücher ausgegeben. »In der Schule haben wir wenig über Evita gelernt«, sagt Osvaldo, der Koordinator des Clubs. »Ich weiß nur, daß sie viel fürs Volk getan hat«, sagt er und tut die Berühmte rasch mit dem Begriff »Mythos« ab, der ihn zu ärgern scheint. »Madonna weiß viel über Evita«, wirft Verónica ein. »Für Madonna ist Evita mehr als eine Rolle. Sie bewundert sie.«

IM BÜRO der »Stiftung Eva Perón« im Stadtparlament sind die fünf Meter hohen Wände mit dunkler Eiche getäfelt. Klassizistisches Schnitzwerk überall und Leuchter an schweren Ketten. Der offene Kamin ist mit Marmor eingefaßt. Evitas Schreibtisch hat die Größe einer Tischtennisplatte. Ihre Schreibmappe aus braunem Krokoleder liegt noch da. Ihr Sessel ist mit schwerem Brokat bespannt. Die Armlehne ist durchgewetzt, Roßhaar schaut heraus.
Als die Damen der Oberschicht sich weigerten, für Evita den Vorsitz der »wohltätigen Gesellschaft« zu räumen, strich sie der Organisation Zuschüsse und gründete 1948 ihre eigene »Stiftung Eva Perón«.
Für Tausende von armen Argentiniern war das Büro der Stiftung ein Märchenschloß. Sie kamen aus der Provinz, wo es keine geteerten Straßen gab, oder aus den Elendsvierteln von Buenos Aires, und in diesem Palais teilte Evita Geschenke aus: Matratzen und Kleider, Fußbälle für die Kinder. Ihre Schreibunterlage war berühmt, weil sie 50-Peso-Scheine darunter hervorzog und den Bittstellern in die Hand drückte.
»Sie gab den Armen die Illusion, es ginge ihnen besser«, sagt Roberto Alemann, der Verleger. »Die Menschen lebten von solchen Trugschlüssen.« Seiner Zeitung ging es schlecht zur Zeit Peróns. Während des Nationalsozialismus in Deutschland war sie ein Forum für Antifaschisten gewesen, in dem

Exil-Autoren wie Thomas Mann und Lion Feuchtwanger schrieben. Das war dem Hitler-Verehrer Juan Perón ein Dorn im Auge. Unter einem lächerlichen Vorwand verbot er das *Tageblatt* zwei Monate lang.

Es gehört zu den Verwerfungen der argentinischen Geschichte, daß der Verleger einer antifaschistischen Zeitung unter den Militärdiktatoren nach dem Sturz Peróns politisch Karriere machte. Als General Galtieri 1982 die Falklandinseln annektierte, finanzierte Alemann als Wirtschaftsminister den Krieg.

NOCH IMMER PRANGEN die meterhohen Lettern CGT am Turm der Gewerkschaftszentrale. Evita Perón hat das Haus 1950 selbst eingeweiht. Damals ging es Argentiniens Wirtschaft gut, und der CGT war eine Macht. Evita, die nie ein Regierungsamt inne hatte, aber de facto Arbeitsministerin und Gewerkschaftsführerin war, hielt die Arbeiter mit Lohnerhöhungen von bis zu siebzig Prozent bei Laune.

Die Fassade wurde vor kurzem frisch geweißt. Doch heute arbeiten nur noch zwanzig Angestellte in dem sechsstöckigen Bau, dessen Sockel mit Marmor verkleidet ist. Auf dem Schreibtisch des Generalsekretärs liegt ein einziges Blatt Papier, der Tischkalender wurde vor drei Monaten und siebzehn Tagen zum letzten Mal umgeblättert. Nach dem Sturz Peróns zogen die Militärs als erstes dem Gewerkschaftsbund die Zähne. Heute hat er wenig Zulauf, obwohl er wieder ungehindert arbeiten kann. Seine Funktionäre gelten als korrupt.

Evitas Leichnam wurde im Gewerkschaftsgebäude aufgebahrt, damit das Volk von ihr Abschied nehmen konnte. In diesem Geisterhaus wird sie noch immer kultisch verehrt. In einem leeren Büro steht ihr Altar: ein Tischchen mit zwei Vasen, Heiligenbildchen und einem Rosenkranz. Eine Besucherin mit dem Namen Norma hat einen rosa Notizzettel mit Bleistift beschrieben und Evita versprochen, ihrem politischen Weg zu folgen. An der Tischkante ist das braune Resopal gebrochen.

AM 26. JULI 1952 um 20.25 Uhr starb Evita Perón. Am weißen Turm des Stadtparlament, der die Plaza de Mayo überragt, wurden die vier Uhren angehalten.
Zu diesem Zeitpunkt saß Roberto Alemann im deutschen Theater und sah *Rose Bernd* von Gerhart Hauptmann. Gegen neun Uhr wurde die Vorstellung abgebrochen und auf der Bühne die Todesnachricht verkündet. Alemann ging in die Redaktion des *Tageblatts* und schrieb einen Nachruf. Er wußte, welchen Ton er treffen mußte. Er schrieb: »In ihrer meteorgleichen Laufbahn hat Evita Perón eine leuchtende Spur hinterlassen, mit den Gaben und Taten für ihr neues Argentinien.«
Die Mutter von Esther Goris öffnete an diesem Abend eine Flasche Champagner. Sie war Dienstmädchen, und die Herrschaften tranken auf den Tod von Evita Perón. Das Dienstmädchen weinte beim Servieren.
45 Jahre später ist Esther Goris in der Rolle der Evita ein Star. Vor dem Fernsehstudio stehen Arme und betteln sie an. Doch Esther Goris kann keine 50-Peso-Scheine verteilen. Evita ist tot. Auf ihre Wiedergeburt wartet Argentinien noch.

Arthur Symons
Sarah Bernhardt

ES GESCHAH im London des Jahres 1895, daß ich dank
eines merkwürdigen Zufalls Sarah Bernhardt persönlich
kennenlernen durfte – ein Zufall in Gestalt des österreichischen Dirigenten Leopold Wenzel, den ich bei einer Ver-
nissage moderner französischer Malerei in der Grafton-
Galerie traf. Keine fünf Minuten später sah ich sie eintre-
ten; sie begann ein kurzes Gespräch mit ihm und ging dann
langsam weiter. »Wenzel?« sagte ich, und er rief ihr nach:
»Sarah! Sarah!« Einigermaßen erstaunt wandte sie sich um;
ich wurde ihr vorgestellt und mit ihr allein gelassen. Nie
werde ich den Schauer der Erregung vergessen, der mich
erfaßte, als sie mir ihre Hand zum Kuß darbot – was ich
auch tat, mit der ganzen Leidenschaft meiner feurigen Jugend. Ihre Finger – diese langen, schlanken Finger – waren
über und über mit Ringen bedeckt, die Nägel mit rotem
Henna gefärbt, wie ich es später im Osten noch sehen sollte.

Zu der Zeit befand sie sich gerade auf dem Höhepunkt
ihrer Berühmtheit und Schönheit. Da war diese »goldene
Stimme« mit dem typisch jüdischen schleppenden Tonfall –
eine Stimme, die einem unmittelbar ins Herz drang, so wie
die schmerzerfüllten Töne der Geige einen zuweilen bis ins

Innerste erschüttern können. Sie schien mir wie eine Vision, ein heidnisches Idol, das es anzubeten galt, ein Genie, dem man zu Füßen lag. Sie besaß die bösen Augen einer thessalischen Hexe; mit ihrem langsam, subtil und grausam wirkenden Zauber konnte sie die Seelen der Männer verhexen. In dieser hochgewachsenen, schlanken Schauspielerin loderte solches Feuer und solche Leidenschaftlichkeit, wie sie bei einer Frau nur selten anzutreffen sind, ebenso wie ihre Opulenz, Trägheit, Gleichgültigkeit, Überheblichkeit und ihr Haß. Sie erschien mir wie die Inkarnation des Orients. Nachdem sie sich gemächlichen, wiegenden Schrittes von mir entfernt hatte, ging ich – gleichsam, um mir ihren Zauber zu bewahren – auf die Straße hinaus.

Cyrano de Bergerac hatte ich nie leiden können, da ich die Verse zwar ungemein raffiniert, aber nicht poetisch finde; allein mit Benoît-Constant Coquelin und Sarah besetzt, erstrahlte das Drama auf großartige Weise. In der Rolle der Roxanne fiel ihr nur eine Nebenrolle zu, und obwohl sie erstaunlich jung und wunderschön aussah, hatte die Rolle sie zur Durchschnittlichkeit verurteilt. In einem Stück, das vornehmlich aus Scharaden und Bühnenanweisungen besteht, bot sich ihr keine Möglichkeit, eine ihrer feinsinnigeren Seiten zu zeigen. Sie im *Cyrano* zu sehen, unmittelbar nachdem ich sie in *Phèdre* erleben durfte, ließ mich die Fähigkeiten des Künstlers erkennen und in wie hohem Maße er auf die Schauspielerin angewiesen ist. Sie lieferte kein schöpferisches Meisterstück ab, denn dieses Drama bietet kein kreatives Material; aber alles, was sie tat, war exquisit. Dennoch, wenn sie mit Coquelin zusammen in ihren größten Rollen spielte, errreichten beide eine etwa gleiche Perfektion. Im Gegensatz zu ihr entsprach sein Ge-

Sarah Bernhardt, um 1900
(Photo W. & D. Downey zugeschrieben)

sichtsausdruck jedoch stets seiner jeweiligen Rolle, war immer eine Maske, niemals eine Offenbarung.

An dem Abend, an dem ich mir *L'Aiglon* ansah, zog sich die Aufführung bis lange nach Mitternacht hin, was nicht dem Stück allein anzulasten war. Es war eine ermüdende Vorstellung. Und wieder bewunderte ich Rostands Kunstfertigkeit, als ich merkte, wie geschickt das Stück gestaltet war, um spielbar zu sein. Nimmt man sich den ersten Akt genauer vor, so stellt man fest, daß er wie eine Musikkomposition angelegt ist, dazu bestimmt, von einer einzigen Künstlerin dargeboten zu werden: von Sarah Bernhardt. In ihrem Fall glich die Schauspielerei dem Vortrag auf einem Musikinstrument. Man meinte förmlich, die Vortragsbezeichnungen vor sich zu sehen: piano, pianissimo und allargando, kurz bevor das tempo rubato einsetzte. Sie vergaß nie, daß Kunst nicht gleich Natur ist und daß Prosa anders als gebundene Rede gesprochen werden muß. Sie artikulierte jede Silbe fließend, wie jemand, der es liebt, die Worte auf der Zunge auszukosten und ihnen dadurch eine Schönheit und eine Ausdruckskraft zu verleihen, die sie an und für sich gar nicht besitzen. Das Lächeln der Künstlerin, ein wundervolles Lächeln, das nicht mit ihr zusammen alterte, drang durch die Apathie oder Leidenschaft einer Rolle hindurch an die Oberfläche. Häufig war es begleitet von einem weltgewandten, sinnlichen Zurückwerfen des Kopfes und glich dem Lächeln von jemandem, der mit halb geschlossenen Augen ein herrliches Parfüm einatmet. Bei aller gleichbleibenden Perfektion ihrer Schauspielkunst wurden doch zuweilen scharfe, kleine Momente der Nervenanspannung sichtbar, gleichsam als Hinweis auf die vollkommene Technik, in der ihre Kunst bestand.

Coquelin, obwohl ebenso perfekt wie sie in seiner runden und reifen Kunst, seinen Anflügen von Heftigkeit und seiner Begeisterung für den Humor, gab sich weniger als göttliche Maschine denn als auf entzückende Art fehlerhaftes menschliches Wesen. Sein Gesicht war nie eine Offenbarung, es war immer das Gesicht seiner Rolle, nie Verstellung. Seine feste, sonore und modulierfähige Stimme, eine wohlklingende und faszinierende und ausdrucksstarke Stimme, konnte sich jedoch nicht mit dem raffinierten Musikinstrument messen, das Sarah zu Gebote stand; dieses schien wie von selbst zu funktionieren, abwechselnd gurrend, klagend oder in Form dieses wunderbaren flinken Schnatterns, das sie mit so bewußt kalkulierter wie unmittelbar sich einstellender Wirkung einsetzt. Coquelin war weder der Veranlagung noch dem Studium, sondern der Kunst nach ein Schauspieler und als solcher ein unübertroffener Meister seines Faches. Mir fällt schon seit langem auf, wie lehrreich und amüsant es ist, zu beobachten, wie sehr diese französischen Schauspieler Meister ihrer selbst sind. Erregung, Gestik, Bewegung sind ihnen angeboren, brauchen nicht forciert zu werden, wie es leider bei unseren Schauspielern und Schauspielerinnen häufig der Fall ist, und können bei Bedarf mal mehr, mal weniger zurückgenommen werden. Anders als bei unseren Schauspielern ist den meisten von ihnen Spielen zur zweiten Natur geworden, eine Natur, die zudem noch perfektioniert werden kann. Auch Coquelin und Sarah haben an ihrer natürlichen Begabung mit unendlicher Sorgfalt gefeilt – aber bei ihnen hatte sich die Natur ja schließlich auch als Genie erwiesen.

DIE ERSTE PARKETTREIHE eines Theaters nimmt
am Premierenabend immer einen ganz eigenen Charakter
an. An so einem Abend ist die Luft wie elektrisiert. Zumindest war mir die Luft stets wie elektrisiert erschienen, wenn
es sich um die Premiere eines Balletts im Alhambra oder im
Empire gehandelt hatte; aber solche Abende und solche
Ballettvorstellungen gibt es heute nicht mehr. Doch am
ersten Abend der Vorstellung von Louis Verneuils *Daniel*,
worin Sarah Bernhardt einen Mann spielte, der sich mit
Opium selbst zerstört, war die Luft nach langem wieder einmal elektrisch aufgeladen. Die ersten zwei Akte waren unerträglich langweilig und die Schauspielerleistungen ganz
entschieden ungenügend. Die Truppe hätte mit der scheinbar mühelosen Harmonie einer perfekten Maschine funktionieren sollen, wie es in Paris so oft geschieht; statt dessen quietschte diese unüberhörbar. Als der Vorhang sich
zum dritten Akt hob, wurde die vertraute Gestalt in sitzen-
der Haltung sichtbar. Der Rauch von eingebildetem Opium
umschloß mich; die Vision ähnelte Halluzinationen, die
Haschisch hervorruft. Jedenfalls kann ich mir gut vorstellen, wie Daniel von dieser oder einer ähnlich heimtücki-
schen Droge in Besitz genommen wird, die ebensolche mor-
biden und verheerenden Auswirkungen auf seine Sinne
hat.

Kaum hatte Sarah zu sprechen begonnen, als ich bemerkte, daß sie wenig mehr als den Hauch einer Stimme hatte;
zugleich gab sie jedem Wort diese eigentümliche Intona-
tion, die ihr stets eigen war. Nie habe ich wundervollere
Hände gesehen als die ihren. Obwohl ich mir ihres Genies
bewußt war, konnte ich mich, auch als sie auf eine beinahe
mitleiderregende Weise emotional wurde, seiner fast schon

grausam ansteckenden Wirkung nicht entziehen. Ich sah einen zerstörten Körper und ein zerstörtes Gesicht als Folge von Nervenanspannung und Opium, von zu viel Vorstellungskraft und einer Mattigkeit, die die nervöse Erregung nur unzureichend verdecken konnte. Zur Linderung ihrer Schmerzen rauchte sie eine mit Opium versetzte Zigarette und sah dabei gespenstischerweise wie eine lebende Leiche aus, die sich vor Schmerzen windet (eben weil sie noch am Leben ist), die wie durch einen Zauber auf ihrem Stuhl festgehalten wird und deren Körper ruhelos dazu verdammt ist, teuflische Qualen zu erleiden. Das orgiastische Feiern war vorbei, die Lebensfreude war ihr abhanden gekommen – es gab nur den einen Ausweg, den wir alle so sehr fürchten: den Tod.

Selbstverständlich hatte sie ebenso wie ihre Kolleginnen Rachel, Mars oder die Déjazet auch Fehlschläge zu verzeichnen. Ich hatte 1891 in Paris das Unglück, bei vielleicht dem größten Mißerfolg dabeizusein, den sie je erleben mußte. Haraucourt hatte ein Drama in gereimten Blankversen verfaßt, *La Passion de Jésus Christ*, worin Sarah die Rolle der Jungfrau Maria übernehmen sollte. Seltsamerweise fand die Vorstellung im *Cirque d'Été* statt. Ich hatte bereits im Vorfeld von dem Skandal gehört, der sich da in Paris zusammenbraute und dessen Grundlage zwei Punkte bildeten: erstens die angebliche Blasphemie des Stückes und zweitens die Tatsache, daß Sarah Jüdin war. Es ging nicht so sehr darum, daß die Verse selbst etwas pietätloses an sich gehabt hätten; vielmehr hing es damit zusammen, daß die Franzosen sich unwohl fühlen, wenn die Heilige Maria mit Angehörigen ihres eigenen Volkes in Verbindung gebracht wird.

Ich befand mich in einem Zustand gespannter Erwartung;
der Anfang erwies sich jedoch als langatmig und zudem als
weder poetisch noch dramatisch. Plötzlich erschien Sarah
auf der Bühne: hinreißend schön, in edle Gewänder gehüllt, all ihren Schmuck tragend und mit einem Make-up,
das sie bewußt als Teil ihrer Kunst einsetzte – wundervoll,
träge verführerisch. Als sie begann, berührte mich wie
immer ihre Stimme, als ob ein Nerv auf einen anderen
träfe, als ob, um mit Verlaine zu sprechen, *le contour subtil*
der Stimme sich nachklingend auf mein Rückenmark
gelegt hätte. Kaum hatte sie dreizehn Zeilen ihres Textes
aufgesagt, als das Publikum zu zischen begann. Sie hob ihre
schweren Augenlider in arrogantem Staunen. Das Zischen
wurde lauter und lauter. Als sie so dastand und gezwungen
war, gegen ihren Willen Leuten zuzuhören, die sie miß-
verstanden, sah ich in ihren Augen ein wütendes Glitzern
aufscheinen, dem kalten Stahl einer vergifteten Klinge
gleich.

Es entstand eine lange Pause, dann nahm sie den unter-
brochenen Faden ihrer Rede wieder auf. Kurz darauf setzte das abschätzige Geschnatter der Zungen wieder ein, und
ich bin sicher, sie muß sich ebenso gefühlt haben wie ich
und mindestens die Hälfte des Publikums mit mir; ähnli-
ches muß Lamb durchgemacht haben, als seine Komödie in
der Drury Lane durchfiel: »Es war weniger ein Zischen als
eine Art rasendes Geschrei, von einer Ansammlung wildge-
wordener Gänse veranstaltet, durchsetzt von bärenähnli-
chem Brummen, affenartigem Gebrüll und schlangenhaf-
tem Gezische, das einen zum Wahnsinn trieb.« Eine ähnliche Wirkung übte dies einen Moment lang wohl auch auf
den Autor aus. Jedenfalls stürzte er im Abendanzug auf die

Bühne, gestikulierte wild herum und unternahm einen ver-
geblichen Versuch nach dem anderen, dem Lärm, den die
Zungen verursachten, Einhalt zu gebieten. Das beklagens-
werte – und, wie ich meine, absurde – Ende war, daß Sarah
aufgeben und sich, einer rasenden Tigerin gleich, zurück-
ziehen mußte.

Hans C. Blumenberg
Mae West

DAMALS HATTE ICH Blumen gekauft: einen bunten
Sommerstrauß. Als der Butler mir die Tür öffnete – ein dis-
kreter Asiate wie aus einer Erzählung von Somerset Maug-
ham –, wußte ich sofort, daß ich einen Fehler gemacht
hatte. Nicht der Blumen wegen, sondern der Farben. Zö-
gernd betrat ich einen Traum in Weiß, wie entworfen für die
extravaganteste Hollywood-Phantasie. Ein Interieur für einen Star: weiße Teppiche, weiße Möbel, ein weißer Flügel
mit weißen Wachsblumen darauf. Die Dame des Hauses
erschien vorsichtig trippelnd und nahm meinen Stilbruch
zerstreut kaum zur Kenntnis. Sie schien sich auf ihren Auftritt vorbereitet zu haben. Ihre lange weiße Robe, sorgsam
drapiert, barg einen noch immer mächtigen Leib, den sie
mit tapsiger Anmut einer weißen Ledercouch anvertraute.
Unter mehreren Schichten kalkiger Schminke wirkte ihr
Gesicht fast starr. Es konnte nicht leicht für sie sein, die dar-
zustellen, die sie einmal gewesen war. Bald entließ sie den
Domestiken und winkte mich näher. Sie war kurzsichtig.
Sie hatte keine Lust, über ihre alten Filme zu reden, für de-
ren Regisseure sie eine Art von milder Verachtung besaß.
Handlanger waren sie gewesen, die ständig wechselnden
Männer hinter der Kamera, Statisten im großen Spiel der

Mae West, die ganz allein die Paramount gerettet hatte, damals 1932, die drei Jahre später mehr Geld verdiente als ihr Präsident, fast soviel wie der Zeitungskrösus William Randolph Hearst, der sie für den Untergang Amerikas hielt. Da nannte man sie schon die »Statue of Libido«, eine Freiheitsstatue besonderer Art, die mit frivolen Sprüchen und lasziven Hüftschwüngen eine neue Aufregung ins Land der fleißigen Puritaner getragen hatte. »Sex und ich haben eine Menge gemeinsam. Ich will nicht behaupten, daß ich ihn erfunden habe – aber ich darf sagen, daß ich ihn wiederentdeckt habe.« In ihrem Film *Go West Young Man* sagt sie: »A thrill a day keeps the chill away.« Ich traue mir nicht zu, diesen Satz angemessen zu übersetzen.

Sie brachte eine Direktheit auf, vor der die Frauenvereine zitterten: »Was zählt: nicht die Männer in meinem Leben, sondern das Leben in meinen Männern.« Sie war selbstbewußter, als es für ein Mädchen aus Brooklyn schicklich erschien: »Gentlemen mögen Blondinen bevorzugen – aber wer hat gesagt, daß Blondinen Gentlemen bevorzugen?« Ihr erstes Theaterstück hieß einfach »Sex«. Der Titel brachte sie, 1926, für ein paar Tage ins Gefängnis. Als sie ein Jahrzehnt später Amerikas Männer im Kino verwirrte, als »Klondike Annie« oder als »Belle of the Nineties«, war sie schon über vierzig: eine Veteranin des Vaudeville, eine Frau mit Vergangenheit, eine Meisterin des erotischen Innuendo. Ausgezogen hat sie sich nie vor der Kamera, und als wir uns 1971 in ihrer Wohnung über die neuen Sex-Stars unterhielten, legte sie Wert darauf, anders gewesen zu sein: eine unabhängige Sirene, kein Lustobjekt. Sie war es, die den Männern mit suggestiver Trägheit in der Stimme empfahl: »Come up and see me sometime.« Sie erfand ihre eige-

Mae West, Studioportrait, 1938
(Photo: Eugene Robert Richee)

nen Spielregeln: ein emanzipierter Vamp voller Witz und
Lust. Wenn sie auftrat, mußte sich ein Cary Grant mit dem
Part des blassen Schönlings bescheiden.

Regisseure hat sie wirklich nicht gebraucht, die Dame, die
sich erfolgreich dagegen wehrte, nur eine Dame sein zu
müssen, höchstens eine fürs Feuer in ihrem Boudoir. Ihre
Dialoge schrieb sie sich immer selber, und den Regiean-
gestellten der Paramount erlaubte sie selten, sich einzumi-
schen. Nur mit zweien kam sie zurecht: mit Leo McCarey
(*Belle of the Nineties*), der schon mit Laurel & Hardy und
mit dem Brüdern Marx fertiggeworden war, und mit Raoul
Walsh (*Klondike Annie*), den man nicht nur wegen seiner
Augenklappe mit einem Piraten verwechseln konnte.

Nach zehn Filmen setzte sie sich zur Ruhe, schon 1943, da
wurde sie gerade fünfzig und fand sich damit ab, fortan als
Legende zu leben. 1969 ließ sie sich noch einmal in ein
Atelier locken (*Myra Breckinridge*) und ein letztes Mal
1977, als sie, 84 Jahre alt, die Schlafzimmer-Amazone
Marlo Manners in der Verfilmung eines ihrer alten Stücke
vorführte: *Sextette*. Da war sie nur noch die Parodie einer
Parodie, denn längst hatte man sich ihres Arsenals eroti-
scher Signale bemächtigt, es überführt in die Imitations-
kultur der Transvestiten. Craig Russell als Mae West war
längst besser als Mae West, das neue Idol zarter Männer mit
homophilen Neigungen. Nicht mehr kernige Hollywood-
Typen umschwirrten sie am Ende, sondern schöne Schwule.
Sie nahm es mit Gelassenheit, auch mit Stolz: Eine so viel-
seitige Verehrung wird selbst einem Sexsymbol nicht ohne
weiteres zuteil.

Als wir uns gegenübersaßen, 1971 in Hollywood, hatte sie
es schon aufgegeben, in der Gegenwart zu leben. Sie kram-

te alte Bilder hervor, vergilbte Verehrerpost aus den dreißiger Jahren, auch Huldigungsschreiben von Schulklassen. Zwischendurch stand sie auf und ließ mich ein paar Mae-West-Bewegungen sehen: aus einem Stück, das wohl selbst für ihren Geschmack zu lange im Repertoire geblieben war. Sie schien einsam, erwähnte nur ein paar alte Freunde, mit denen sie sich gelegentlich traf: die Regisseure George Cukor und Irving Rapper, beide dem eigenen Geschlecht mehr zugetan als dem ihren. Sie hatte eine neue, eine letzte Leidenschaft entdeckt: ESP, außersinnliche Wahrnehmung, eine im Kalifornien der frühen siebziger Jahre grassierende Mode der Reichen. Das war ihr wichtiger als die alten Filme, die wir immer noch lieben, deren altmodische Verruchtheit, deren aggressiver Humor inzwischen die Generation ihrer Urenkel bezaubert.

Am 22. November 1980 ist Mae West in Hollywood gestorben, 87 Jahre alt, in ihrem Bett. Auf ihrem Grabstein könnte einer ihrer schönsten Sätze stehen: »When I'm good, I'm very, very good, but when I'm bad, I'm better.«

Rosa von Praunheim
Zarah Leander

ZARAH KLINGT FAST WIE SARAH, und die dunklen Haare unterstreichen es. Und doch liegen Welten dazwischen. Für die Schwulen in der Nazizeit war Zarah Leander eine Flucht aus einem bösen Traum, der für viele im KZ endete und immer noch nicht wiedergutgemacht ist. Zarah war das Idol aller Tunten, extravagante Kleidung in einer puritanischen Zeit, sie war eine künstliche Erscheinung mit ihren Boas, ihrem Schmuck, ihrer unerhörten Schminke. Die anderen wirkten solide und spießig gegen sie, von Ilse Werner bis Marianne Hoppe. Zarah war eine Tunten-Mutter wie Mata Hari es war, denn Tunten lieben das Besondere.

Zarah wirkte wie ein Transvestit: Starker Körper, große Hände, große Füße, kleiner Busen und eine herrliche Männerstimme – deswegen schien Zarah für Frauen begehrenswerter als für Männer. Für die Männer war die Evelyn Künneke geiler, der Rollmops Marika Rökk die Primitivere.

Zarah die leidende Dame, die schwache Frau, die Lust an der Unterdrückung spielt, und Zarah die Starke, dominierende Vampyrette, ein Star wie Garbo, Dietrich, Mae West und Inge Meysel.

Christina, der wohl beste Zarah-Leander-Imitator, den ich beim Einkleben von Artikeln über ihren Tod störte, sagte mir: »Sie ist immer unsere Mutter gewesen, wie sie gibt es keine. Mit vollem Herzen sind wir in ihre Konzerte gegangen, haben manchmal gelacht, wenn sie im Alter und Suff danebengesungen hat, aber sie konnte es sich leisten. Schon wie sie dastand, sie wußte genau, wie sie wirkte.«

Ohne die Schwulen wäre sie im Alter nichts gewesen, und wenn Zarah sang: »Oi joi joi anderrrs rrrum« oder rief: »He junger Mann, ich brauch 'nen Ständer«, dann rasten die Tunten, und eine Berliner Zeitung schrieb gehässig: »Ihre Konzerte sind meistens am Montag, weil dann die Friseure frei haben.«

Warum lieben Schwule ältere Show-Stars, ältere Frauen überhaupt? Ist es Frauenhaß, wie uns die Macker vorwerfen, weil sie ältere Frauen eklig finden? (Wenn ein verwelkter Curd Jürgens ein junges Mädchen vernascht, dann sagt man: Toller Hirsch, aber wenn eine ältere Frau einen jungen Mann liebt, dann sagt man: Wenn alte Scheunen brennen...) Alte Frauen sind nämlich wie Schwule in der Gesellschaft diskriminiert, Witwen wurden in Indien verbrannt, heute sind es grüne Witwen in Hochhäusern. Sie sind dazu erzogen zu leiden, sich selbst zu hassen, ähnlich wie der Schwule. Eine Solidarität zwischen beiden ist hilfreich. Meine ältere Freundin Gräfin Nora Stolberg zu Stolberg, die sich in den zärtlichen sanften Heinrich Giskes verliebt hat, ist so glücklich wie selten.

Edith Piaf heiratete kurz vor ihrem Tod nicht ohne Grund einen jungen Friseur, und Zarah Leander hatte in ihrem Schloß in Schweden viele Tunten zu Gast, denen sie ihre Sauna zur Verfügung stellte.

Zarah Leander
(Photo: Franz Weihmayr)

Der Berliner Damen-Imitator Gloria Fox besuchte Zarah in
Stockholm nach ihrer ersten Gehirnblutung. Zarah mochte ihn, weil er ihre Lieder so ganz anders sang. Sie bot ihm
das Du an. Er sollte Tante Zarah sagen. Das fiel ihm schwer,
denn Zarah wirkte so stark, so unnahbar, so majestätisch
wie eine Königin. (Tunten, sich ihrer Schwäche in der
Gesellschaft bewußt, suchen besonders beim schwachen
Geschlecht die Stärke, sie sind ihnen ähnlich beim Kampf
ums Überleben.)

Mit den Tunten hatte Zarah eins gemeinsam: Sie liebte
Männer. In der Nazizeit soll sie nicht wenige deutsche Of-
fiziere vernascht haben, nach Aussage meiner Freundin
Lilo, und mit Evelyn Künneke prügelte sie sich um deren
gemeinsamen Komponisten und Liebhaber Michael Jary.

Zarah soff, wie es in Schweden Mode ist, sie liebte Bommer-
lunder, aber man sah sie nie besoffen. Zarah war im Gegensatz zu ihren verlogenen Kolleginnen ehrlich genug
zuzugeben, daß sie Goebbels toll fand, ähnlich wie eine der
Hauptdarstellerinnen meines Films *Unsere Leichen leben
noch*, Inka Köhler. Für Inka war Zarah ein Vollweib, eine
Schönheit, die sie angebetet hat.

Der ausländische Akzent der »Baßamsel« bezauberte nicht
nur Inka und ihre zwölf Geschwister und ihren Vater, einen
Lokomotivführer. In ihrer kleinen Stadt Dillenburg war es
schwer, Kinokarten für Zarah-Filme zu bekommen. Die
Verräterin am Großdeutschen Reich, Marlene Dietrich,
schmiß man dafür weg, und Inka, immer noch schön mit
ihren 60 Jahren, singt begeistert das Leander-Lied: »In mir
tobt's wie ein Orkan, wie ein Sturm im Ozean, meine Glut
braucht ein Ventil. Wenn mir einer heut' gefiel, holla, der
hätt' es gut.«

Als ich Zarah zum ersten Male in den sechziger oder siebziger Jahren auf einem der vielen Tuntenbälle sah, wo sie Stargast war, war ich enttäuscht. Zarah verarschte Zarah, machte sich lustig über ihren Kitsch der frühen Jahre und überließ das nicht dem Publikum. Aber nur so schien sie überleben zu können.

Sie wäre an der Sterilität einer Dietrich schon viel früher gestorben, aber gerade die, so unmenschlich sie in ihrer Darstellung sein mag, bewunderte ich im Alter immer mehr. (Als ich die Dietrich in London wie eine aus Seife geschnitzte Statue sah, den Kopf sparsam bewegend, und wie sie dann zum Schluß von der Begeisterung der Zuschauer überwältigt auf den Arsch fiel und so hinter den Vorhang robbte, war ich dem Orgasmus nahe.)

Ich liebe die junge Zarah, die so viel schöner als die Garbo war. (Um wieviel lockerer wäre Greta, hätte sie zeigen dürfen, daß sie Frauen liebt.) Wenn Zarah in ihren Filmen mit Tränen in den Augen ein Lied singt, verletzlich und doch das Unglück meisternd, und donnernd dagegen ansingt mit »Kann denn Liebe Sünde sein«, dann muß man sich einfach hinlegen und mit ihr identifizieren.

Ob Zarah je die Wahl hatte zwischen Hitler und Hollywood, ist bis heute unbewiesen. Eins steht fest: Zarah war und ist einmalig, ein Superstar. Für uns Tunten vergleichbar mit der Josephine Baker oder der Knef, wobei die letztere es nie wagen würde, über etwaige Frauenbeziehungen zu schreiben. Ähnlich der Dietrich. Stars haben es immer noch schwer, ehrlich zu sein. Sie sollen Sehnsüchte, Illusionen befriedigen, das zu hinterfragen ist Sünde.

Marlene Dietrich
Edith Piaf

SPRACHLOS ÜBER IHRE FÄHIGKEIT, die Kerze an
beiden Enden anzuzünden, verblüfft, wie sie es fertigbrach-
te, drei Liebhaber zur gleichen Zeit zu lieben, war ich auf
eine »Kusine-vom-Lande-Stellung« reduziert.
Sie merkte es nicht. Sie war ständig nur mit ihren eigenen
Gefühlen beschäftigt, mit ihrem Beruf, ihrem Glauben an
vielerlei seltsame Dinge, ihrer eigenen Liebe zur Welt – und
ihrer Liebe zu sich selbst.
In meinen Augen war sie der »Spatz« – so hatte man sie ja
genannt –, aber auch Jezabel war sie, mit ihrem unersätt-
lichen Durst nach Liebe und Aufregung, der sie für ein
Gefühl von Unvollkommenheit entschädigte, für ihre »Häß-
lichkeit« (wie sie es nannte), für ihren zerbrechlichen kleinen Körper, den sie zur Wirkung zu bringen verstand wie
Circe und alle Sirenen einschließlich der Lorelei. Verführerisch war sie, alle nur erdenklichen Freuden versprach sie
– und das alles mit der ihr eigenen unwahrscheinlichen
Intensität. Mir wurde schwindlig. Sozusagen Seite an Seite
mit ihren Liebhabern, die ich verstecken oder in verschiedene Zimmer ihrer Wohnung führen mußte.
Ich diente ihr mit allen Eigenschaften, die sie gerade benö-
tigte, zu jeder gegebenen Zeit. Ohne ihr ungeheures Be-

dürfnis nach Liebe zu verstehen, diente ich ihr trotzdem gut. Sie hatte mich gern, vielleicht liebte sie mich. Aber ich glaube, sie konnte nur Männer lieben. Sinn für Freundschaft hatte sie sicher auch − aber das blieb in ihrem Herzen verborgen. Sie hatte nie Zeit, sich auf Freundschaft zu konzentrieren. Sie hatte recht. Sie hatte keine Reserven, sie mußte sich vergeuden.

Ich half ihr beim Anziehen im Theater und im Nachtlokal »Versailles«, in dem sie in New York auftrat. Nach dem tragischen Vorfall, der ihr Leben änderte, übernahm ich praktisch die Zügel. Wir wollten gerade zum Flugplatz gehen, um Marcel Cerdan abzuholen; sie schlief noch, als die Nachricht kam, daß sein Flugzeug über den Azoren-Inseln abgestürzt war.

Wir mußten sie wecken und es ihr beibringen. Ärzte und Pillen folgten. Ich war überzeugt, daß sie die Vorstellung im »Versailles« absagen würde. Aber als ich es am Nachmittag mit ihr besprach, wollte sie nichts davon wissen. Ich mußte ihren Anweisungen folgen, aber ich hielt es für unbedingt notwendig, mit ihrem Dirigenten eine Kürzung des Programms zu besprechen, nämlich das Lied »Hymne an die Liebe« wegzulassen.

Ich ging zu dem Beleuchter des Clubs, damit er die Scheinwerfer anders einstellte, und dann fand ich die Piaf in ihrer Garderobe. Sie saß ruhig da, entschlossen, das Lied zu singen.

Die Zeile dieses Liedes, die ich − wie auch alle anderen − fürchtete, hieß: »Wenn du stirbst, will auch ich sterben«.

Sie brach nicht zusammen. Sie sang, als ob keine Tragödie passiert wäre. Doch das hatte nichts mit dem alten Theatergrundsatz »Die Show geht weiter« zu tun.

Edith Piaf

Sie gebrauchte gleichsam den Schmerz, die Trauer, das Leid, den Kummer, um besser als jemals zu singen. Während der vielen Tage, die folgten, saßen wir nachts zusammen, und unsere Hände berührten sich auf dem Tisch in dem dunklen Hotelzimmer, während sie versuchte, Cerdan zurückzubringen. Sie beschwor all jene Mittel, die Menschen, die einen Verlust erlitten haben, in ihrer Verzweiflung anwenden. Plötzlich schrie sie: »Da ist er – hast du nicht seine Stimme gehört?«

Ich sorgte dafür, daß sie einschlief; ich wußte, daß diese Phase vorübergehen würde.

Sie ging vorüber.

Nach einer Weile, einer langen Weile, teilte sie mir mit, daß sie sich verheiraten werde. Ich ertrug auch diesen Sturm. Die Zeremonie mußte in einer New Yorker Kirche stattfinden. Ich sollte Trauzeugin sein, und da ich nicht katholisch bin, sorgte sie dafür, daß ich eine Ausnahmegenehmigung erhielt. Und dann lief sie zurück auf der Straße ihrer Erinnerungen, zurück zu ihrem Kindheitsaberglauben: Ich kam zu ihr, früh an einem dunklen New Yorker Morgen, um sie anzuziehen. Ich fand sie nackt auf ihrem Bett, so daß der Brauch befolgt wurde. Wenn das geschah, würde, so glaubte sie, das Glück den Jungvermählten treu bleiben. Sie trug das kleine Smaragd-Kreuz, das ich ihr geschenkt hatte, an einer Kette um den Hals. Ganz verlassen sah sie aus in diesem traurigen Zimmer, fern von ihrem Vaterland.

Bald darauf ging sie nach Frankreich zurück. Wir hatten ein zärtliches Verhältnis, aber Liebe war es wohl nicht.

Viel später verließ ich sie, denn ich konnte nicht gegen Drogen kämpfen. Ich hatte Verständnis dafür, daß sie Drogen brauchte, aber verstehen bedeutet nicht notwendigerweise gutheißen. Obwohl ich es verzweifelt versuchte, war ich der Situation nicht gewachsen. Versuchen genügt nicht. Ich stand vor einer unbezwingbaren Mauer: Drogen.

Dabei waren in jenen Tagen die Drogen nicht so schlimm, wie sie heute sind. Damals war der »Markt« noch nicht mit Heroin und anderen abscheulichen Mitteln überschwemmt. Aber es waren immerhin »Drogen«, und ich gab auf. Meine Liebe für sie war nicht erschöpft, aber ich konnte nicht mehr helfen. Sie war nicht allein; wie nicht anders zu erwarten war, hatte sie auch jetzt an ihrer Seite einen jungen Mann, der ihr ergeben war.

Ich gab sie auf als ein verlorenes Kind – bedauerte sie, trauerte um sie, behielt sie für immer und ewig eingeschlossen in meinem Herzen.

Ingeborg Bachmann
Maria Callas

ICH HABE MICH IMMER darüber gewundert, daß diejenigen, die Maria Callas gehört haben, nicht darüber hinausgekommen sind, in ihr eine außerordentliche, allen Fährnissen unterworfene Stimme zu hören. Es hat sich wohl nicht nur um eine Stimme gehandelt, oh keineswegs, in einer Zeit, in der so viele ausgezeichnete Stimmen zu hören waren. Maria Callas ist kein »Stimmwunder«, sie ist weit davon entfernt, oder sehr nah davon, denn sie ist die einzige Kreatur, die je eine Opernbühne betreten hat. Ein Geschöpf, über das die Boulevardpresse zu schweigen hat, weil jedes seiner Sätze, sein Atemholen, sein Weinen, seine Freude, seine Präzision, seine Lust daran, Kunst zu machen, eine Tragödie, die zu kennen im üblichen Sinn nicht nötig ist, evident sind. Nicht ihre Koloraturen, und sie sind überwältigend, nicht ihre Arien, nicht ihre Partnerschaft allein ist außerordentlich, sondern allein ihr Atemholen, ihr Aussprechen. Maria Callas hat eine Art, ein Wort auszusprechen, so, daß jedem, der nicht jedes Gehör verloren hat, aus Abgestumpftheit oder Snobismus, immer auf der Jagd nach frischen Sensationen des lyrischen Theaters [−] sie wird nie vergessen machen, daß es Ich und Du gibt, daß es Schmerz gibt, Freude, sie [ist] groß im Haß, in der Liebe,

in der Zartheit, in der Brutalität, sie ist groß in jedem
Ausdruck, und wenn sie ihn verfehlt, was zweifellos nachprüfbar ist in manchen Fällen, ist sie noch immer geschei-
tert, aber nie klein gewesen. Sie kann einen Ausdruck ver-
fehlen, weil [sie] weiß, was Ausdruck überhaupt ist.

Sie war zehn oder mehr Male groß, in jeder Geste, in jedem
Schrei, in jeder Bewegung, sie war, was ... an die Duse denken läßt: *ecco un artista.* Sie hat nicht Rollen gesungen, niemals, sondern auf der Rasierklinge gelebt, sie hat ein Re-
zitativ, das altbacken schien, neu gemacht, ach nicht neu,
sie war so gegenwärtig, daß alle, die ihr die Rollen geschrieben haben, von Verdi bis Bellini, von Rossini bis Cherubini,
in ihr nicht nur die Erfüllung gesehen hätten, sondern weit-
aus mehr.

Ecco un artista, sie ist die einzige Person, die rechtmäßig die
Bühne in diesen Jahrzehnten betreten hat, um den [Zuhö-
rer] unten erfrieren, leiden, zittern zu machen, sie war
immer die Kunst, ach die Kunst, und sie war immer ein
Mensch, immer die Ärmste, die Heimgesuchteste, die Tra-
viata.

Sie war, wenn ich an das Märchen erinnern [darf], die
natürliche Nachtigall dieser Jahre, dieses Jahrhunderts,
und die Tränen, die ich geweint habe – ich brauche mich
ihrer nicht zu schämen. Es werden soviel unsinnige geweint, aber die Tränen, die der Callas gegolten – sie waren
so sinnlos nicht. Sie war das letzte Märchen, die letzte Wirklichkeit, deren ein Zuhörer hofft, teilhaftig zu werden.

Sie hat immer direkt getroffen, auf den Umwegen über
Libretti, über Figuren, zu denen man Liebe haben muß, um
sie akzeptieren zu können. Sie war der Hebel, der eine Welt
umgedreht hat, zu dem Hörenden, man konnte plötzlich

Maria Callas in der Rolle der »Medea«, 1952

durchhören, durch Jahrhunderte, sie war das letzte Märchen. Es ist sehr schwer oder sehr leicht, Größe anzuer-
kennen. Die Callas – ja wann hat sie gelebt, wann wird sie
sterben? – ist groß, ist ein Mensch, ist unvertraut in einer
Welt der Mediokrität und der Perfektion.

Christa Wolf
Frida Kahlo

DIE JAGD IST ERÖFFNET. Eine Hirschin hat sich, durch Dickicht womöglich, verfolgt von gefiederten Pfeilen, auf eine Lichtung geflüchtet, die von starken, kahlen, sehr alten, sonnenbeschienenen, teils morschen Baumstämmen gebildet wird. Wir sehen »Das Tier« in gestrecktem Lauf, allerdings eingekreist; auch zum Meer hin, im Bildhintergrund, scheint ihm der Ausweg durch Blitze versperrt, und im Vordergrund deutet ein querliegender Ast an, daß auch diese Richtung ihm nicht offensteht – die Richtung auf den vielleicht teilnahmsvollen, jedoch unbeteiligten Betrachter zu.

Das Tier, androgyn offensichtlich, männliches Geweih, Hoden, blickt uns an mit dem Gesicht einer Frau, das weder Angst noch Selbstmitleid zeigt, gelassen eher, herausfordernd sogar behält sie uns im Auge. »Klein« will uns dieser »kleine Hirsch« eigentlich nicht vorkommen, ein schönes, stattliches Tier ist der Malerin da gelungen, die Hetzjagd lohnt sich. Diese Hirschin ist, vielleicht endlich, allein, wir sehen nicht, wer die Pfeile auf sie abgeschossen hat. Es sind neun, einer steckt in der Kehle, aus der das meiste Blut quillt. Daran sollte es ihr doch gelingen zu sterben, ganz abgesehen von den anderen Wunden, deren eine von einem

Blattschuß kommt. Bleibt sie denn ungerührt? Leidet sie
überhaupt? Ihr Gesicht: ernst, nicht schmerzverzerrt.

»Wo ist mein Kind, wo ist mein Reh« – das deutsche
Märchen kennt diese Verwandlungen auch, kennt den
bedrängten Menschen, der sich in den Tierleib flüchtet, ein
unsicheres Versteck, so gefährlich wie das Versteck der Frau
im Männerkörper. Wie muß eine sich bedroht fühlen, die
dieses doppelte Versteck wählt, Tier und Mann, und
zugleich weiß, sie bleibt Zielscheibe, jeder Pfeil trifft, verletzt, schmerzt. »Das verwundete Wild« ist der zweite Teil
dieses Bildes.

> »Hast ein Reh du, lieb vor andern,
> Laß es nicht alleine grasen,
> Jäger ziehn im Wald und blasen,
> Stimmen hin und wider wandern.«

Nichts vom wehmütigen Schmelz der deutschen Romantik,
nichts vom eichendorffschen Halbdunkel hat dieses Bild, es
steht nicht im »Zwielicht«, ist klar, hart, konturenscharf,
romanisch.

Surrealistisch? Vielleicht. Frida Kahlo hat sich nicht nach
dem Kanon der Surrealisten gerichtet, sie ist von ihnen als
eine der Ihren erkannt worden. (»Ich weiß wirklich nicht,
ob meine Bilder surrealistisch sind oder nicht, aber ich
weiß, daß sie den offensten Ausdruck von mir selbst geben,
und daß sie die Urteile und Vorurteile von niemandem
sonst berücksichtigen.«) Sie tut, was Kunst immer tat: Sie
schöpft aus der Quelle des Unbewußten und übersetzt
Erfahrung ins Bild.

Die Erfahrung, ganz Frau und daher durch den Mann ver-
letzbar zu sein, »gehörnt« durch den einzigen Mann, auf

Frida Kahlo in ihrem Haus, 1954
(Photo: Gebrüder Mayo)

den es ihr im Leben ankommt, Diego Rivera, der nicht
monogam leben kann, dabei Künstlerin, mit dem Zwie-
geschlecht, das zur Schöpfung treibt, Frau, die auch Frauen
liebt, Schmerzensfrau seit dem unseligen Unfall, bei dem
sie als Achtzehnjährige buchstäblich durchbohrt wurde,
lebensfroh und todessehnsüchtig, in Widersprüche eingekreist. Oft ohnmächtig, in der direkten und in der übertra-
genen Bedeutung des Wortes.

Und oft zur Bewegungslosigkeit verurteilt. Zwei Jahre vor
der Inkarnation ihrer selbst als Hirschin, die zwar verfolgt,
doch leichtfüßig, beweglich ist, malt sie das Bild »Die gebro-
chene Säule«: Frida, in ein Stahlkorsett gezwängt, das sie
1944 monatelang tragen mußte, eines der vielen Folter-
instrumente, die über die Jahrzehnte hin an ihr angewendet
wurden, ihr Körper durch einen Längsriß gespalten, die
Wirbelsäule ersetzt durch eine mehrfach geborstene ioni-
sche Säule, die unter dem Kinn endet und sie zu einer un-
natürlich geraden Haltung zwingt, um den Schoß das Len-
dentuch drapiert, das wir von Kreuzigungsbildern kennen.
Der Hintergrund, eine Art wüster Landschaft, in jenem
Farbton, grüngelb, der auf ihrer subjektiven Farbskala »noch
größerer Wahnsinn und Geheimnis« bedeutet. Die von der
untergehenden Sonne beschienenen Stämme um den »kleinen Hirsch« herum haben dieses Gelbgrün, überhaupt zeigt
dieses Bild − außer dem Graubraun des Tieres und dem
zärtlichen Meeresblau im Hintergrund, Ferne und Fernseh-
sucht andeutend, alle Schattierungen von Grün, vom einfachen Grün, das für Frida Kahlo »warmes und gutes Licht«
bedeutet, über Blattgrün: »Blätter, Traurigkeit, Wissenschaft.
Ganz Deutschland hat diese Farbe«, bis zum Dunkelgrün,
der »Farbe schlechter Nachrichten und guter Geschäfte«.

Es gibt ein Foto von Frida mit einem Reh, das bei ihr lebte
im Innenhof des Blauen Hauses in Coyoacan, in dem sie
Leo Trotzki nach seiner Flucht beherbergt hatten, mit dem
Frida eine kurze Liebesaffäre hatte, und in das sie sich nach
der ein gutes Jahr andauernden Scheidung von Diego Rivera zurückzog, in dem sie von da an wohnen blieb, wenn
nicht ein Aufenthalt im Ausland und die immer häufiger
werdenden Krankenhausaufenthalte sie von diesem Haus
trennten, hier sammelte sie indianische Kunst, unterrichte-
te Schüler, pflegte ihre Tiere – Affen, Papageien –, versam-
melte Spielzeug, Puppen um sich, sie, die ihr Leben lang
darunter litt, daß sie keine Kinder bekommen konnte.

Hierher kehrte sie zurück nach der Folter der Beinamputation, die sie auch seelisch nicht verwinden konnte. Sie
trank, wurde abhängig von Drogen, vereinsamte, hielt sich
an die kommunistische Partei, der sie seit langem angehör-
te (nach dem Mordanschlag eines GPU-Agenten auf Trotzki
im Jahr 1940 wurden Diego und sie verdächtigt, im Kom-
plott mit dem Mörder gewesen zu sein); politisch stehen
sie beide in der Tradition des freiheitlichen, um seine Unabhängigkeit kämpfenden Mexiko, das übrigens Emigranten aus Nazideutschland aufnahm, die wegen ihrer politischen Gesinnung von den Vereinigten Staaten abgewiesen
wurden.

Anders als Diego, der große Freskenmaler, hat Frida Kahlo
für ihre Bilder, die übrigens meist sehr kleine Formate
haben, keine politischen Themen gesucht. »Der kleine
Hirsch« ist nicht größer als 22,4 mal 30 Zentimeter. Man
sagt, die neun Pfeile entsprächen neun Liebesverhältnissen
des Malers mit anderen Frauen. Mag sein. Es gibt schon ein
Bild von der Kahlo, in dem eine Frau von Messerstichen

verwundet gezeigt wird: »Ein paar kleine Dolchstiche« von 1935, damals ist sie selbst in einen anderen Mann verliebt gewesen. Damals war die Frau, nackt hingebreitet und der Verwundung durch den Mann ausgesetzt, das Opfer. Die Hirschin, elf Lebens- und Leidensjahre später, blickt uns mit dem schönen Gesicht der Kahlo ruhig an – voller Leidenschaft und Stolz.

Louie Mayer
Virginia Woolf

IM SOMMER 1934, als ich in Southease in Sussex wohnte, sah ich in der Lokalzeitung eine Anzeige, die mich besonders interessierte: darin stand, daß eine Haushälterin/ Köchin für ein kleines Landhaus in der Nähe von Lewes gesucht und freie Unterkunft – ein Cottage – geboten wurde. Antworten waren zu richten an Mrs. Woolf, Monk's House, Rodmell. Ich freute mich sehr, daß ich diese Anzeige gefunden hatte: Es war genau die Arbeit, die ich suchte, und mein Mann und ich brauchten ein eigenes Cottage. Wir brauchten auch eine Schule in der Nähe, für unsere Kinder. Ich wußte, daß es in Rodmell eine gab, also antwortete ich sofort auf die Anzeige.

Als ich den Brief einwarf, dachte ich, daß vielleicht nichts daraus werden würde. Wie vorher schon würde ich vielleicht nicht einmal eine Antwort bekommen. Aber innerhalb weniger Tage kamen Mr. Woolf und Mrs. Woolf beide bei mir vorbei. Sie mußten den Brief gelesen haben, als sie übers Wochenende nach Rodmell kamen und früh am anderen Morgen gleich die paar Meilen nach Southease gefahren sein.

Sie beschrieben mir die Arbeit, die ich in Monk's House machen sollte, in allen Einzelheiten. Mr. Woolf erklärte mir, daß ihr Tag sehr sorgfältig geplant sei, fast Stunde für Stunde, und es sei wichtig, daß nichts passierte, was ihren Tagesablauf störte. Ich fühlte, daß sie Menschen sein mußten, die Zeit wirklich liebten. Ich hoffte natürlich, daß ich mich an die Stunden halten könnte, die sie nannten, aber es war doch ein ziemlich beängstigender Stundenplan. Mrs. Woolf erzählte mir von dem Cottage. Es wäre nur »zwei oben, zwei unten«, sagte sie, aber es wäre in der Nähe des Hauses, und man würde es noch herrichten, bevor jemand die Arbeit übernahm.

Ein paar Tage später schrieb mir Mrs. Woolf – ich erinnere mich gut an den Brief: er war auf leuchtend grünem Papier geschrieben. Sie schrieb, sie würden mich einstellen, und für den Anfang würden sie mir sieben Shilling und Sixpence die Woche zahlen, und ich könnte in dem Cottage wohnen, das Mr. Woolf in Rodmell gekauft hatte. Ich war begeistert, daß ich die Stellung bekommen hatte. Damals waren sieben Shilling und Sixpence und ein mietfreies Cottage ein wirklich hoher Lohn.

Ich war sehr jung, als ich in Monk's House anfing, und ich machte mir etwas Sorgen, ob ich den strikten Stundenplan einhalten könnte. Ich wußte, daß ich etwas aus der Stellung machen konnte, wenn ich die richtigen Dinge zur richtigen Zeit tat. Aber ich hätte mir keine Sorgen zu machen brauchen: Mr. und Mrs. Woolf gaben sich viel Mühe, damit ich mich heimisch fühlte und halfen mir, mich an ihren Tagesablauf anzupassen. Schon in der ersten Woche mochte ich die beiden gern.

Mein Arbeitstag war lang; er fing um acht Uhr morgens an und endete nach neun Uhr abends, aber damals dachten wir – ich und meine Freundinnen, die auch solche Stellun-

Virginia Woolf
(Photo: Gisèle Freund)

gen hatten – nicht in Stunden. Wir machten unsere Arbeit gern, waren stolz darauf, sie gut zu machen, und ich fürchte, wir waren sehr, sehr glücklich. Obwohl auch mein Mann einen äußerst arbeitsreichen Tag hatte, half er mir, indem er unsere beiden Kinder ins Bett brachte. Nachmittags hatte ich etwas freie Zeit, die ich mit meiner Familie verbringen konnte, aber die Kinder kamen auch oft mit mir ins Monk's House. Eigentlich wuchsen sie dort in der Küche auf; sie rannten ein und aus, auch in den Garten, und halfen da Percy Bartholomew, dem Gärtner von Mr. Woolf, ganz so, als wären sie dort zu Hause.

Eines fand ich an meinem ersten Tag sehr merkwürdig: Die Zwischendecken in Monk's House waren sehr dünn; das Badezimmer war genau über der Küche, und als Mrs. Woolf vor dem Frühstück badete, hörte ich, wie sie mit sich selbst sprach. Sie hörte gar nicht wieder auf, redete, redete, redete, stellte Fragen und gab sich selbst die Antworten. Ich dachte, es wären noch mindestens zwei oder drei andere Leute bei ihr da oben. Als Mr. Woolf merkte, wie erschrocken ich aussah, sagte er mir, daß Mrs. Woolf immer die Sätze laut vor sich hinsprach, die sie nachts geschrieben hatte. Sie mußte wissen, ob sie richtig klangen, und das Bad war ein guter Raum mit viel Resonanz, um sie auszuprobieren. Er war so daran gewöhnt, sie mit sich selbst sprechen zu hören, daß es ihm gar nicht mehr auffiel. Ich gewöhnte mich auch daran, aber eine Zeitlang erschrak ich noch jeden Morgen.

Kaffee durfte ich in Monk's House nicht machen – Mr. Woolf und Mrs. Woolf waren sehr eigen mit ihrem Kaffee und machten ihn immer selbst – daher kam Mr. Woolf jeden Morgen um 8 Uhr in die Küche und machte ihn. Wenn wir das Frühstückstablett in Mrs. Woolfs Zimmer trugen, fiel mir auf, daß sie in der Nacht immer gearbeitet hatte. Neben ihrem Bett lagen Bleistifte und Papier, so daß sie arbeiten konnte, wenn sie aufwachte, und manchmal kam es mir so vor, als hätte sie nur sehr wenig geschlafen. Diese Stücke Papier, auf denen manchmal der gleiche Satz immer und immer wieder stand, lagen haufenweise im Zimmer herum. Sie lagen auf den Stühlen, den Tischen und manchmal sogar auf dem Boden. Es war so eine Angewohnheit von Mrs. Woolf, ihre geschriebenen Sachen in kleinen Haufen herumliegen zu lassen. Ich fand sie auch überall im Haus: im Wohnzimmer und im Eßzimmer, auf den Tischen und auf den Kaminsimsen.

Mrs. Woolfs Schlafzimmer lag außerhalb des Hauses im Garten; ich dachte immer, wie unbequem es doch sein muß, wenn man durch den Regen gehen muß, um ins Bett zu kommen. Sie hatte dort in der Nähe auch einen Raum zum Schreiben im Garten, weil es dort ruhig war und sie ungestört arbeiten konnte. Ihr Schlafzimmer war an die Rückseite des Hauses angebaut worden; die Tür öffnete sich zum Obstgarten hin, und ein seitliches Fenster ging auf ein großes Feld. Ich weiß noch, daß eines Nachts eine Kuh kam und ihren Kopf durch das Fenster streckte. Mrs. Woolf fand das sehr lustig, aber damit das nicht wieder vorkam, kaufte Mr. Woolf das Feld und vergrößerte mit einem Teil davon den Garten.

Dann ließ er ihr, weil ihr Schreibraum klein war, einen größeren bauen, am Ende des Gartens, an der Friedhofsmauer. Als er fertig war, hatte Mrs. Woolf eine schöne Aussicht nach Osten, über die Wiesen auf den Mount Caburn, und dort saß sie jeden Tag und arbeitete.

Ich werde nie vergessen, wie sie jeden Tag aus dem Schreibraum ins Haus kam: Wenn ich um ein Uhr die Glocke zum
Lunch läutete, kam sie immer durch den Obstgarten gegangen; sie rauchte eine von ihren Lieblingszigaretten. Sie war
groß und dünn und sehr elegant. Sie hatte große, tieflie-
gende Augen und einen breiten, geschwungenen Mund –
ich glaube, dieser Zug machte ihr Gesicht besonders schön.
Sie trug lange Röcke – gewöhnlich aus blauem oder braunem Cordsamt – nach der Mode von damals, und seidene
Jacken in derselben Farbe. Ich weiß auch noch, daß sie
immer ein großes seidenes Taschentuch in der Jacken-
tasche hatte.

Ihre Zigaretten waren aus einem besonderen Tabak, der
»My Mixture« hieß. Mr. Woolf kaufte ihn in London für sie,
und abends saßen sie immer am Kamin und drehten die
Zigaretten selbst. Es war ein milder, süß duftender Tabak,
und sie wollte keine anderen Zigaretten, obwohl sie manchmal eine lange, dünne Zigarre rauchte, die ihr sehr gut
schmeckte.

Mrs. Woolf trug Kleider, die ihr gut standen, besonders
wenn sie zu einer Party ging. Ich bügelte die Sachen für sie
und nähte auch, was nötig war – sie konnte nicht nähen,
obwohl sie es manchmal versuchte. Sie versuchte auch ganz
gern, zu kochen, aber ich hatte immer das Gefühl, daß sie
dafür eigentlich keine Zeit verschwenden und lieber in
ihrem Zimmer arbeiten wollte.

Aber eine Sache gab es in der Küche, die Mrs. Woolf sehr
gut konnte: Sie konnte wunderbares Brot backen. Als ich
ins Monk's House kam, fragte sie mich als allererstes, ob ich
Brot backen könnte. Ich sagte ihr, ich hätte schon welches
für meine Familie gebacken, sei aber nicht sehr erfahren

darin. »Ich komme in die Küche, Louie«, sagte sie, »und zeige Ihnen, wie es gemacht wird. Wir haben unser Brot immer selbst gebacken.« Ich war überrascht, wie kompliziert das alles war und wie akkurat Mrs. Woolf das machte. Sie zeigte mir, wie man den Teig machen mußte, mit der richtigen Menge Hefe und Mehl, und dann, wie man ihn kneten mußte. Drei- oder viermal an diesem Vormittag kam sie herein, um ihn wieder zu kneten. Am Ende formte sie den Teig zu einem Laib und backte ihn genau bei der richtigen Temperatur. Ich würde sagen, daß Mrs. Woolf kein praktischer Mensch war – zum Beispiel konnte sie nicht nähen oder stricken oder Auto fahren –, aber das Backen war eine Sache, zu der man praktisches Geschick brauchte, und sie machte das jedesmal sehr gut. Ich brauchte viele Wochen, bis ich im Brotbacken genauso gut war wie Mrs. Woolf, aber ich übte fleißig, und am Ende, glaube ich, war ich ihr darin noch über.

Es machte mir bald Spaß, in Monk's House die verschiedensten Gerichte zuzubereiten. Mr. und Mrs. Woolf wollten nicht, daß ich große Menüs kochte, aber sie lebten gut und aßen gern gut. Wildgeflügel mochten sie besonders gern – Moorhuhn und Fasan mit guten Saucen. Der Nachtisch mußte immer sehr leicht und frisch gemacht sein; meistens waren es Crèmes und Soufflés. Das Kochen interessierte mich bald so, daß Mrs. Woolf mich fragte, ob ich Lust hätte, im Technical College in Brighton Unterricht in der feineren Küche zu nehmen. Ich fand das eine wunderbare Idee, und sie bezahlten mir einen Jahreskurs. Der Unterricht machte mir ungeheuer viel Spaß; ich fuhr jeden Tag um elf Uhr vormittags aus Rodmell weg, kam am späten Nachmittag wieder, kochte dann das Abendessen und experimentierte mit den neuen Rezepten. Am Ende dieses Jahres konnte ich ziemlich komplizierte Mahlzeiten zubereiten und ein gutes Menü zusammenstellen, wenn besondere Gäste ins Monk's House kamen – das heißt, wenn es Mrs. Woolf gut genug ging, daß ihre Freunde kommen und sie besuchen konnten. Wenn sie an einem Buch arbeitete, war Mrs. Woolf manchmal sehr krank und hatte heftige Kopfschmerzen. Mr. Woolf mußte dann die Zahl der Besucher rationieren. Oder er mußte denen, die kamen, sagen, daß sie nur kurz mir ihr sprechen konnten. Er tat das nicht gern, aber er wußte, daß sie sehr krank werden würde, wenn sie nicht genug Ruhe hatte. Ihre Verwandten, die in der Nähe wohnten, kamen natürlich immer zu Besuch – besonders ihre Schwester Vanessa und ihre Nichte Angelica. Mrs. Woolf freute sich immer sehr, wenn sie kamen. Aber außer ihrer Verwandtschaft kamen nie viele Leute aus der Umgegend. Wenn Mrs. Woolf gesund war, luden sie besonders gute Freunde ein; die meisten davon wohnten in London. An Kingsley Martin kann ich mich gut erinnern. Er kam sehr häufig ins Monk's House und redete mit Mr. Woolf viel über Politik.

Mrs. Nicolson [Vita Sackville-West] kam oft von Sissinghurst herüber und blieb übers Wochenende. Ich mochte sie sehr gern. Sie war groß und schön und hatte ein ziemlich rosiges Gesicht. Mrs. Woolf freute sich immer so, wenn sie kam.

Auch an Mr. Tom [T. S.] Eliot erinnere ich mich gut. Er war ein sehr sanfter Mensch, still und zurückhaltend, aber er sprach viel mit Mrs. Woolf, die ihn manchmal neckte und ihn zum Lachen brachte. Wenn er übers Wochenende da war, lief ich am Sonntagmorgen immer von meinem Cottage hinüber, um das Frühstück zu machen, und dann klopfte ich an Mr. Eliots Tür, um ihm zu sagen, daß es fertig war, aber dann sah ich, daß er in die Kirche gegangen und sein Zimmer leer war. Mr. und Mrs. Woolf gingen nie in die Kirche, und ich konnte mir nur schwer merken, daß er jeden Sonntag ging.

Eine weitere häufige Besucherin war Dame Ethel Smyth. Sie war sehr lustig: sie kam immer in ihrem komischen alten Auto nach Rodmell herüber, stieg aus und stand dann am Gartentor und rief nach Mrs. Woolf. »Virginia!« schrie sie dann aus voller Kehle. Sie war taub und wußte nicht, wieviel Lärm sie machte. Dame Ethel kam nicht nur oft zu Besuch, sie schrieb Mrs. Woolf auch fast jeden Tag einen Brief. Ich nahm die Briefe immer in meinem Cottage vom Briefträger an – damit der Mr. und Mrs. Woolf nicht zu früh weckte –, und Mrs. Woolf fragte mich immer, ob einer von Dame Ethel dabeiwäre. Ich glaube, sie freute sich auf diese Briefe. Wenn Mr. Woolf zur Frühstückszeit an ihrem Bett saß und Kaffee trank und mit ihr redete, las sie ihm den Brief von Dame Ethel immer vor, und sie hatten viel Spaß dabei. Mrs. Woolf war immer hoch erfreut, wenn sie ein Buch fertiggeschrieben hatte, aber die Wochen nach seiner Beendigung waren für Mr. Woolf jedes Mal voller Sorgen. Er wußte, daß sie vielleicht nach den langen, harten Arbeitsstunden eine Art nervliche Reaktion zeigen und davon wieder krank werden konnte. Wenn sie anfing, schweres Kopfweh zu bekommen und erschöpft auszusehen, verbot er jeden Besuch und bestand darauf, daß sie vollkommene Ruhe hielt.

Ich wußte, wann Mrs. Woolf in diesem Zustand war, weil sie dann zu mir in die Küche kam und sich hinsetzte und überlegte, was sie mir hatte sagen wollen. Dann ging sie in den

Garten und ging ganz langsam umher, als versuchte sie, sich zu erinnern. Ich habe gesehen, wie sie beim Gehen gegen Bäume stieß und gar nicht recht wußte, was sie tat.

Es gab auch Zeiten, in denen sie erschöpft aussah, wenn sie von London heruntergefahren kamen. Das war meistens im Winter, wenn es sehr kalt war. Kälte haßte sie immer: die schien sie auf eine merkwürdige Art anzugreifen – ihr fast Angst zu machen. Sie saßen dann immer vor einem großen Kaminfeuer und tranken Kaffee, bis ihr wieder warm war und es ihr besser ging.

Ich weiß noch genau, wie Mrs. Woolf eines Nachmittags zu meinem Cottage kam. Ich war überrascht, als ich sie die Straße herunterlaufen sah, weil sie selten zu mir kam, und ich dachte mir schon, daß sie mir etwas Besonderes zu sagen hatte. Als sie sich hingesetzt hatte, sagte sie: »Louie, mein Buch ist fertig!« Da wußte ich, warum sie gekommen war. Sie hatte sehr lange an ihrem Roman *Die Jahre* gearbeitet und war mehrmals krank gewesen, während sie es fertigzuschreiben versuchte. Sie freute sich so sehr, daß es fertig war, daß sie einfach kommen und es jemand erzählen mußte. Dann sagte sie: »Und jetzt geben wir Geld aus und lassen die Küche streichen und lassen eine Menge neue Sachen für Sie einbauen.« Sie war so freudig erregt, daß wir den restlichen Nachmittag damit verbrachten, Pläne für die Küche zu machen.

Trotz der Erschöpfung, an der Mrs. Woolf litt, wenn sie ihre Bücher schrieb, hatte ich doch immer das Gefühl, daß sie körperlich ziemlich stark war. Auch wenn sie sehr krank gewesen war – wie zum Beispiel in den letzten paar Monaten, als sie *Die Jahre* schrieb – brachte sie es doch fertig, sich zu erholen, wenn sie sich lange ausruhte. Sie war ungehalten über das Kranksein und bewies, fand ich, großen Mut in ihrer Entschlossenheit, so schnell wie möglich wieder gesund zu werden.

Aber Anfang 1941, nachdem sie ihren letzten Roman fertiggeschrieben hatte, war Mrs. Woolf wieder krank, und dieses Mal schien es ihr sehr schwer zu fallen, sich zu erholen. Mr. Woolf machte sich solche Sorgen um sie, daß er sie überredete, zu einer Ärztin in Brighton zu gehen. Das hatte sie, soweit ich wußte, bisher noch nie getan. Mit Hilfe der Ärztin und mit der Fürsorge von Mr. Woolf, der zusah, daß sie möglichst viel Ruhe hatte, erholte sie sich etwas.

Eines Morgens, als ich gerade Mr. Woolfs Arbeitszimmer aufräumte, kamen sie beide herein, und Mr. Woolf sagte: »Louie, geben Sie Mrs. Woolf bitte ein Staubtuch, damit sie Ihnen beim Saubermachen helfen kann?« Er hatte den ganzen Morgen in ihrem Zimmer mit ihr gesprochen, weil es wieder einer ihrer schlechten Tage zu sein schien, und er muß ihr vorgeschlagen haben, daß sie vielleicht etwas tun sollte, vielleicht bei der Hausarbeit helfen. Ich gab ihr ein Staubtuch, aber das kam mir sehr sonderbar vor. Sie hatte noch nie vorher irgendwelche Hausarbeit mit mir machen wollen. Nach einer Weile legte Mrs. Woolf das Staubtuch hin und ging fort. Ich dachte mir, daß sie wahrscheinlich keine Lust hatte, das Arbeitszimmer sauber zu machen, und beschlossen hatte, etwas anderes zu tun.

Später am Vormittag sah ich sie vom oberen Wohnzimmer herunterkommen und in ihr Gartenzimmer gehen. Ein paar Minuten später kam sie ins Haus zurück, zog ihren Mantel an, nahm ihren Spazierstock und lief rasch durch den Garten zum oberen Tor. Sie muß Briefe an Mr. Woolf und an ihre Schwester geschrieben haben, während sie im

Wohnzimmer war, sie dann auf den kleinen Beistelltisch gelegt haben und rasch fortgelaufen sein, damit wir sie nicht
sahen.

Als ich um ein Uhr die Glocke zum Lunch läutete, sagte Mr.
Woolf, er ginge nur schnell hinauf, um die Nachrichten im
Radio zu hören, und er käme gleich. Im nächsten Moment
rannte er schon die Treppen herunter zur Küche und rief
nach mir. »Louie«, sagte er, »ich glaube, mit Mrs. Woolf ist
etwas passiert! Ich glaube, sie hat versucht, sich umzubringen! Wo ist sie entlanggegangen – haben Sie gesehen, wie
sie das Haus verließ?« »Sie ist vor kurzem durch das obere
Tor gegangen«, sagte ich. Plötzlich war alles ein schreckli-
cher Alptraum. Wir rannten in den Garten hinaus, und ich
suchte den Gärtner, für den Fall, daß er Mrs. Woolf zurückkommen gesehen hatte. Mr. Woolf rannte durch das obere
Tor zum Fluß. Der Gärtner hatte Mrs. Woolf nicht gesehen,
also lief er so schnell er konnte zum diensthabenden
Polizisten im Dorf. Sie liefen beide zum Fluß, um zu sehen,
ob sie Mr. Woolf helfen könnten. Er hatte ihren Spazierstock gefunden, der am Ufer im Schlamm steckte, aber
es gab keine Spur von Mrs. Woolf. Sie suchten lange nach
ihr, aber es gab keinen Hinweis darauf, wo sie war. Mr.
Woolf überlegte dann, ob sie ihren Spazierstock vielleicht
dort gelassen hatte, um sie in die Irre zu führen; vielleicht
war sie zum Sheperd's Cottage hinaufgegangen. Das war
einer ihrer Lieblingsspaziergänge, und vielleicht war sie
wirklich da hingegangen, um allein zu sein, und sie wußte
gar nicht richtig, was sie tat.

Ich ging mit ihm zum Sheperd's Cottage, aber sie war nicht
dort. Wir gingen zurück und suchten sie in den Sumpf-
wiesen, am Flußufer und in den Gräben, bis es Nacht wurde

und wir aufgeben mußten. Wir konnten alle nichts weiter tun.

Zwei Wochen später kam ein Polizist ins Haus und sagte Mr. Woolf, daß ihr Leichnam gefunden worden war. Ein paar Kinder, die von Lewes her am Fluß entlanggegangen waren, hatten ihren Leichnam gesehen, der seitlich unter die Uferböschung gespült worden war. Der Polizist sagte, daß in ihren Jackentaschen schwere Steine waren, und daß sie sie selbst dort hineingetan haben und dann direkt in den Fluß gegangen sein mußte. Und das war schrecklich. Es war das Schrecklichste, was ich je erlebt habe.

Monk's House war für lange Zeit ein trauriges Haus. Ich bekam nervöse Zustände – von der Sorge, nicht zu wissen, was mit Mrs. Woolf passiert war, und dann von dem Schock, als ihre Leiche gefunden wurde. Wenn ich jemanden ums Haus herumkommen und an die Tür klopfen hörte, dachte ich, sie kämen bestimmt, um mir wieder etwas zu sagen, was ich lieber nicht hören wollte. Noch mehr schlechte Nachrichten hätte ich zu der Zeit nicht ertragen können.

Ich blieb weiter in Monk's House, um Mr. Woolf zu versorgen, in all den Jahren, in denen er allein war. Als Mr. Woolf starb, ging meine Arbeit in Monk's House zu Ende. Ich war sechsunddreißig Jahre lang dortgewesen. Es waren sehr glückliche Jahre; meine Arbeit machte mir große Freude, und ich hatte Mr. und Mrs. Woolf sehr liebgewonnen. Ich war stets froh darüber, daß ich vor so langer Zeit diese Anzeige in der Lokalzeitung entdeckt und darauf geantwortet hatte.

Nancy Houston
Sylvia Plath

DER TOD, den sich Sylvia Plath im Alter von dreißig
Jahren gab, ist sicher der Grund, warum sie berühmter ist
als ihr Mann. (Das heißt nicht, wie man nahelegte, daß der
Selbstmord der Dichterin vor allem eine narzißtische Geste
war, hervorgerufen durch den Wunsch nach literarischer
Unsterblichkeit.) Ihr Leben ist unter anderem deshalb bekannter als das des noch lebenden Ted Hughes, weil sie von
der Adoleszenz bis zu ihrem Tod Tagebuch schrieb. Ein
eigenartiges Faktum: Ted Hughes hat das exklusive Copy-
right am Werk von Sylvia Plath. Er traf selbst die Entschei-
dung, ihre Briefe und Tagebücher zu veröffentlichen. Wert-
volle Dokumente aber sind sie nur bis zu einem bestimmten
Punkt, weil er alle Passagen kürzte, die ihm kompromit-
tierend erschienen und ihn selbst betrafen.
Sylvia Plath wuchs an der Nordküste von Massachusetts in
einer Familie der Mittelklasse auf. Ihre Brillanz wurde früh
erkannt, sie wertet ihre Intelligenz mit der ihres Vaters auf.
Vielleicht ist es nicht überflüssig zu betonen, daß er – Otto
Plath, ein bekannter Biologe – der Lehrer ihrer Mutter war.
In einem Interview mit der BBC 1961 sagte Sylvia Plath,
daß sie in ihrer Kindheit eine intellektuelle Krise durchlit-
ten hätte. »Im Alter von neun Jahren«, erzählt sie in heite-

rem Ton, »habe ich aufgehört, an die Heinzelmännchen und den Weihnachtsmann und alle hilfreichen kleinen Geister zu glauben.« Im Alter von neun Jahren verlor sie nicht nur ihren Glauben an diese magischen Männer, sondern auch ihren Vater. Der Tod – der wirkliche – trug dazu bei, den Professor Otto Plath noch mächtiger, abstrakter und idealer werden zu lassen, als er bis zu diesem Zeitpunkt in den Augen seiner Tochter gewesen war.

Sylvia hatte zu ihrer Mutter Aurelia eine außerordentlich nahe und exzessive Beziehung, sie fühlte sich durch diese Nähe bedroht. So sehr Aurelia auch die Kreativität ihrer Tochter förderte, Opfer brachte, damit sie die besten Universitäten besuchen konnte, es war umsonst: Sylvia wurden ihre intellektuellen Bemühungen zu einem Mittel, der mütterlichen Welt zu entfliehen, der Welt der guten Manieren und der guten Hausfrauen, der sie aber zugleich auch verzweifelt angehören wollte. Diese Spaltung wird sichtbar in dem unterschiedlichen Ton zwischen den Briefen an Aurelia einerseits, der gleichmäßig optimistisch Beweise ihrer Absicht, eine »richtige Frau« zu werden, ausdrückt, und andererseits in ihren Gedichten und in ihrem Tagebuch, in denen ängstliche Spekulationen über ihre Fähigkeit vorherrschen, künstlerisches Schaffen und Liebe zu vereinen.

Auf der Universität beweist Sylvia nicht nur eine lebhafte Intelligenz, sondern auch ein starkes Streben nach Autonomie: Das einhüllende Ideal der Ehe kann sie kaum erschüttern. »Ich bin nicht nur eifersüchtig«, schreibt sie in ihrem Tagebuch, »ich bin auch eitel und stolz. Ich würde es nicht billigen, daß mein Ehemann mein Leben gängeln würde, mich im Kreis seiner weitgestreckten Interessen einschließen würde und mich per Prokura mit den Erzählun-

Slyvia Plath
(Photo: Rollie McKenna)

gen seiner wirklichen Taten nähren würde. (...) Nein, es wird eher zwei Kreise geben, die sich überschneiden, die ein starkes und unwiderruflich gemeinsames Terrain haben werden, aber jeder wird auch einen unabhängigen Bogen haben, der sich der Welt entgegenwirft.«

Das ist ihr Lebensprojekt im Alter von zwanzig Jahren: Liebe in Unabhängigkeit. Das ist Sylvia Plaths Stimme mit einem hellen Ton: stark, optimistisch, ihrer Gaben und Rechte gewiß. Aber schon zu dieser Zeit, und ihr ganzes Leben lang, gibt es einen dunklen Klang: eine depressive Stimme der Selbstbezichtigung, einen unwiderstehlichen Wunsch, sich zu zerstören.

Im Juli 1953 – sie ist einundzwanzig Jahre alt – wird Sylvias Bewerbung für einen zwischen den Semestern liegenden Universitätskurs für Kreatives Schreiben, an dem sie unbedingt teilnehmen wollte, abgelehnt. Zurückgewiesen durch den Professor, einem bekannten Schriftsteller, verurteilt, den Sommer bei ihrer Mutter zu verbringen, bricht sie zusammen: »Hör auf, egoistisch an das Rasiermesser zu denken und an die Wunden, die Du Dir zufügen würdest und an die verschiedenen Arten, allem ein Ende zu setzen. (...) Gott, Gott, Gott, wo bist Du? Ich ersehne Dich, ich brauche Dich, ich glaube an Dich, an die Liebe und an die Humanität. (...) Du darfst nicht versuchen zu fliehen. Du mußt überlegen...« Nach diesen Worten bricht das Tagebuch für zwei Jahre ab. Sylvia macht einen Selbstmordversuch, der haarscharf mißlingt und lebenslang eine Narbe in ihrem Gesicht hinterlassen wird.

Die Regierung der Vereinigten Staaten hatte in jenem Sommer die Rosenbergs für den Verrat atomarer Geheimnisse zum Tode auf dem elektrischen Stuhl verurteilt. Als

Sylvia nach ihrem Tötungsversuch, mit dem Einverständnis ihrer Mutter, in ein Psychiatrisches Hospital eingeliefert und mit Elektroschocks behandelt wird (unter unzureichender Betäubung), fühlt sie sich möglicherweise für ein Verbrechen bestraft, welches gleichermaßen verwerflich ist: Verrat am »weiblichen Mythos«, dem amerikanischen Ideal schlechthin. Als das Tagebuch wieder aufgenommen wird, spricht eine andere Stimme, bescheidener und ernster. Eigenartigerweise eine weniger »feministische Stimme« als vor dem Trauma – als ob sich Sylvia Plath nach dieser Todesnähe für ihren Ehrgeiz bestrafen wollte. So ist sie etwa bereit, ihren neuen *boyfriend*, Richard Sassoon, mit übermenschlichen Gaben auszustatten: »Am Anfang war Sassoon« oder »ein Engel mit Feuerschwert und lodernder Kraft«.

Nach ihrer Freundin Nancy Hunter Steiner, mit der sie zu der Zeit ein Zimmer teilte: »Sylvia hatte beschlossen, daß ihr Ehemann ein sehr großer Mann sein würde. Sie sprach davon, halb scherzhaft, daß sie eine Art von Superkindern produzieren würde, übergroß an Körper und Geist. Diese Kinder wären nach ihren Voraussagen alles Jungen.« Es gab Ted Hughes in ihrer Phantasie, noch bevor sie ihm begegnete. Sylvia Plath verhehlt es nicht: sie sucht einen Ehemann, der die gleichen gigantesken Maße hat, wie sie ihr Vater für sie angenommen hat.

Am 19. Februar 1956 in England, wo sie ihre Studien an der Cambridge University fortsetzt, schreibt Sylvia in ihr Tagebuch: »Und ich weine, daß ein Mann mich in seine Arme nähme – ein Mann, der ein Vater wäre.« Und eine Woche später: »Mein Gott, wie gerne würde ich kochen und mich um ein Haus kümmern und eine Kraft in den Träumen eines Mannes hervorrufen und schreiben, vorausge-

setzt, daß er reden und gehen und arbeiten und sich mit
Hingabe um seine Karriere bemühen würde.«

Geboren und aufgewachsen auf dem Lande, im Norden
Englands, ist Hughes ein großer Mann von überschäumen-
der Vitalität, mit einer Leidenschaft für die Natur und
Tiere. Nachdem er Literatur, Archäologie und Anthropolo-
gie in Cambridge studiert hat, wendet er sich vom abend-
ländischen Denken ab und taucht in mystische Studien ein:
Tarot, Astrologie, Weda, Hypnose, *écriture automatique*…
Er ist übrigens in Cambridge schon ein bekannter Dichter,
und Sylvia Plath bewundert seine Poesie. Sie besucht ein
Fest, nur um ihm zu begegnen – und es ist Liebe auf den
ersten Blick. »Ah«, schreibt sie einige Tage später in ihr
Tagebuch, »mit Dir zu gehen in Lärm und Getöse. (…) Er
hat meinen Namen gesagt, ›Sylvia‹, und traf meine Augen
mit einem schwarzen und arglistigen Blick, und ich habe
Lust, meine Kraft – und sei es ein einziges Mal – an seiner
zu messen.« Ihrer Mutter beschreibt sie ihn: »Der einzige
Mann, dem ich bisher begegnet bin, der stark genug ist, mir
ebenbürtig zu sein.«

ES GIBT WORTE und das tägliche Leben. Während beide Dichter dichten, kocht nur die Dichterin. In ihren Briefen an Aurelia scheint Sylvia Plath das ganz natürlich zu
finden. »Ich grille Steaks und Forellen auf meinem Gas-
kocher und wir essen gut. Wir trinken Portwein im Garten
und lesen Gedichte und rezitieren ohne Unterlaß (…) Wenn
Du Zeit hast, kannst Du mir mein *Joy of Cooking* schicken?
Das ist das einzige Buch, das mir wirklich fehlt.« Aber die
Gedichte von Sylvia Plath, die genau zu dieser Zeit entste-

hen, lassen ein ganz anderes Bild von dem gierigen Appetit
ihres Ehemannes durchscheinen.

An der Poesie, die aus dieser Begegnung hervorgeht, ist
auffällig, daß Sylvia Plath und Ted Hughes von den gleichen Bildern fasziniert zu sein scheinen und von der gleichen Gewalt – Raubvögel, Raubtiere, aber diese Faszina-
tion hat nicht die gleiche Bedeutung, weil der eine ein
Mann und die andere eine Frau ist. Hughes spricht von zwei
wetteifernden Wölfen, während sich Sylvia Plath wie das
Lamm vor dem Wolf fühlt. Trotzdem betont sie nach ihrer
Heirat im Juni 1956 in Briefen an ihre Mutter immer wieder, daß sie sich nicht nur sehr nahe, sondern fast identisch
sind – selbst wenn dem heutigen Leser die Asymmetrie des
Paares in die Augen springt: »Ted ist der einzige Mann,
dem ich je begegnet bin, dessen Gesellschaft ich meiner
Einsamkeit vorziehe; als ob ich mit meinem männlichen
Gegenstück lebte. (...) Wir haben ein Manuskript mit dreißig seiner besten Gedichte getippt und es abgeschickt. (...)
Ohne seine Hilfe könnte ich nie so gut werden. (...) Ich
kann ihn keinen Moment anders sehen, als meinen männlichen Zwilling, der mir intellektuell und kreativ immer
einige Schritte voraus ist; so fühle ich mich als Bewunderin
und sehr weiblich.«

Konnte für Sylvia Plath der Platz an der Seite eines Mannes,
der für sie gleichermaßen Alter ego und Gott war, überhaupt ein anderer als der traditionelle Platz der Muse, des
Modells oder der mütterlichen Ehefrau sein? Auf jeden Fall
mußte sie einen Sturz von den geistigen Höhen verhindern,
auf die ihr Vaterbild und das Vorbild ihres Ehemanns sie erhoben hatten, um sich nicht als formbare »Materie« wie-
derzufinden.

Die Nähe der beiden Dichter wird im Anfang der Ehe vielleicht gerade durch ihre gemeinsame starke Ambivalenz in
Bezug auf das Weiblich-Mütterliche hervorgerufen. Für
eine Frau bedeutet diese Ambivalenz, in Verbindung mit
dem Elektrakomplex, immer eine Spaltung: Seit langer Zeit
kennt Plath helle und dunkle Neigungen. In Leben und
Dichtung bilden beide gemeinsam erst ihre »Persönlichkeit« – optimistisch, tüchtig, liebevoll, die gute kleine Tochter und ihre Mutter – und unter dieser Oberfläche schreckliche Monster.

Ted Hughes wird später sagen: »Dieser Gegensatz zwischen
empfindsamer und zurückhaltender Verteidigung und einem bedrohlichen Vulkan durchzieht alle ihre Gedichte
der frühen Jahre.« Er bedrängt sie, den Vulkan ausbrechen
zu lassen.

Da seine eigene Arbeit nicht unter dieser Spaltung leidet,
schreibt er viel und gut. Sylvia Plath sagt, daß er ebenso
»produktiv ist, wie die Sternschnuppen im August«, und daß
seine Gedichte wie »kontrollierte Dynamitexplosionen« sind.
Als Hughes' erster Lyrikband *The Hawk in the Rain* einen
Lyrikpreis bekommt, freut sie sich sehr. »Falls nur einer von
uns Erfolg haben kann, ist es mir lieber, wenn er es ist:
Deshalb habe ich ihn heiraten können, ich wußte, er ist der
bessere Dichter; ich muß mein kleines Talent nie zurück-
nehmen, sondern kann es bis an seine Grenze entwickeln,
daran arbeiten und immer Teds Vorsprung spüren ...« Und
doch drückt sich Panik in Sylvias Gedichten aus – was wohl
passierte, würde sie ihr »kleines Talent« zu sehr entwickeln,
würde sie sich als zu intelligent, zu unbescheiden erweisen?
Sylvia Plath aber will dieses Oxymoron sein: weiblicher
Poet. Im Gegensatz zu Simone de Beauvoir, die sich schmei-

chelt, das »Herz einer Frau mit dem Hirn eines Mannes« zu vereinen, schmeichelt sich Sylvia Plath, das Gehirn einer Frau zu haben. »Ich werde einer der wenigen weiblichen Dichter auf der Welt sein«, schreibt sie Aurelia, »die sich ihrer Weiblichkeit voll erfreuen, und nicht ein bitterer oder frustrierter oder verworrener Pseudo-Mann«. Doch ruft uns ein anderer Brief zum gleichen Thema wieder in Erinnerung, daß selbst als Dichter die Frau eher Schöpfung als souveräner Schöpfer ist:

»(Ted) sieht mich in meinen Gedichten und arbeitet mit mir, um mich zu einem weiblichen Dichter zu machen, der die Welt in Staunen versetzt; er liest in meinem Charakter und duldet kein Abirren von meinem wirklichen, besseren Ich.« Von Anfang an entscheidet Ted über ihr wirkliches, besseres Ich und bringt sie dazu, es in ihren Gedichten zu äußern.

»Wir wollen sieben Kinder haben«, schreibt Sylvia Plath ihrer Mutter, »wenn jeder von uns ein Buch publiziert hat und wir ein wenig gereist sind.« Zwischen 1956 und 1958 sprechen Briefe und Tagebuch von dem Kinderwunsch, wie von einer Sache, die verschoben werden muß, bis sie ihre Identität als Schriftstellerin gefunden hat. Wie steht es mit Hughes? Einige Jahre später, während der Scheidung, gesteht Sylvia Plath Freunden in einem Brief, daß er gar keine Kinder wollte – was bei seiner panischen Angst vor der »Mater« nicht weiter erstaunlich ist. Gedicht für Gedicht ersticken Hughes' männliche Protagonisten im Schlamm hysterischer Frauen, die an ihren Hälsen hängen; oder töten sich selbst beim Versuch, ihre Mütter zu töten; oder finden sich auf der Flucht vor der Mutter in ihrem Bauch wieder. Hughes läßt sich vom Verbrechen inspirieren, auch wenn er es anprangert: Seine Poesie spielt genießerisch mit dem Mord, selbst wenn sie ihn verdammt.

Diese Haltung stört Sylvia Plath keineswegs, sondern kommt ihr in den ersten Jahren des gemeinsamen Lebens entgegen. Mit Bereitwilligkeit folgt sie ihrem Mann auf den Wegen des Okkultismus, versucht sich in Astrologie, Magie und Zukunftsvoraussagen, sie wiederholt, wie gerne sie die Gedichte ihres Mannes tippt, für ihn kocht und sie ihr »kleines Talent« bis an ihre Grenze entwickelt. Aber 1958, ein schwieriges Jahr, in dem beide Dichter in den Vereinigten Staaten unterrichten, beginnen die Klagen, sie fühlt sich »außer sich, gespalten, als Schatten«. Diese Spaltung hat sie nicht verstanden; symptomatisch bekommt sie ein Ekzem. Im Mai schreibt sie: »Ich möchte mich so lange kratzen, bis ich meine Haut heruntergerissen habe.« Und zwei Monate später, ohne die Verbindung herzustellen: »Zum Teil besteht die Gefahr darin, glaube ich, daß ich zu abhängig von Ted werde. Er ist didaktisch, fanatisch, (…). Zwischen uns gibt es keine Barriere, es ist fast, als hätten wir beide keine Haut − vor allem ich nicht − und jeder sich ohne Unterlaß an dem anderen riebe.« Das Ekzem drückt Sylvias Schwierigkeit aus, irgendeine Grenze aufrechtzuerhalten (so wie die Haut Grenze zwischen dem Inneren und dem Äußeren eines Körpers ist), die ihre Identität hindern würde, vollkommen in die Teds überzugehen. Sie beschließt, ihre Gedichte Ted nicht mehr zu zeigen: »Ich muß ich selbst sein − mich selbst schaffen und darf mich nicht durch ihn fabrizieren lassen.«

HUGHES' EINSTELLUNG zu der ehelichen Verbindung ist komplex – ohne widersprüchlich zu sein. Sein Gedicht »Love Song« beschreibt mit großer Gewalt die Bemühungen eines Mannes und einer Frau, körperliche und emotionale Vereinigung zu erreichen, sich beißend, nagend, saugend, bis sie Arme, Beine, Hirn und Gesicht ausgetauscht haben. Die intellektuelle Vereinigung mit Sylvia Plath hat indessen beträchtlich zu Hughes' literarischen Fähigkeiten beigetragen. In dem bereits erwähnten Interview mit der BBC vom Februar 1961, Teil einer Serie mit dem Titel »Poets in Partnership«, spricht Hughes mit Enthusiasmus von der »telepathischen Verbindung« zwischen ihm und seiner Ehefrau:

»Zwei Personen, die diese Empathie besitzen, die in dieser Weise vereinbar sind (...), sind in Wirklichkeit nur eine Person. (...) Zusätzlich zu meinen eigenen Erfahrungen (...) verfüge ich so auch in gewisser Weise über Sylvias Erfahrungen, über alles, was sie in der Vergangenheit gelebt hat!«

Als man Sylvia fragt, ob sie es auch so beschreiben würde, antwortet sie etwas ausweichend – »praktischer« als Ted und »nicht nur so abstrakt« –, daß sie sich für die Bienen ihres Vaters und das Bild des Bienenkorbes dank Teds Vorliebe für die Tiere interessiert hat. Das ist eindeutig nicht das Gleiche. Außerdem protestiert Sylvia jedesmal, wenn das Interview suggeriert, beide Dichter hätten einen gleichartigen Stil, und betont, daß beide schon zehn Jahre geschrieben hatten, ohne je voneinander gehört zu haben, und daß er auch ähnlich wäre – wenn es so sein sollte –, wenn sie sich nie begegnet wären.

Hier sind wir weit entfernt von dem Vokabular des männlichen »Gegenstücks«, dessen sie sich vor fünf Jahren bediente. Was ist in der Zwischenzeit passiert? Warum beginnt sie jetzt das Bedürfnis zu entwickeln, ihre Autonomie und ihren Unterschied zu Ted zu betonen, anstatt sich weiter in der »weiblichen« Haltung als seine Bewunderin zu gefallen? Die Antwort auf diese Frage kann man in einem Wort zusammenfassen: die Mutterschaft. Das soll heißen, daß die Sylvia Plath, die Mutter geworden ist, den Zwillingspakt mit Ted gebrochen hat und den künstlichen Charakter dieser Symmetrie entschleiert; und Teds Untreue – und in gewissem Sinne auch ihr Selbstmord – sind logische, wenn nicht unvermeidbare Folgen dieses Bruchs.

Wie auch immer ihre Ressentiments gegen Aurelias Gefühle und lähmende Aufmerksamkeiten sein mögen, Sylvia gibt der Mutterschaft an sich einen hohen Wert. Als sie im Juni 1959 erfährt, daß sie nicht ovuliert, ist sie niedergeschmettert von der Idee der eigenen Sterilität. Aber einen Monat später ist sie schwanger. Und ihre Fruchtbarkeit verstärkt noch ihre Kreativität, was für sie nicht widersprüchlich ist. Als sie sieht, daß sie genau das wird, was sie zu »hassen« glaubt, erlaubt sie ihrer Widersprüchlichkeit, in sprühenden Metaphern auszubrechen.

Das Paar kehrt nach London zurück, und im April 1960 bringt Sylvia ein Mädchen zur Welt. (Ted wohnt der Entbindung bei und hypnotisiert Sylvia, um ihr Erleichterung zu verschaffen.) Von da an wächst die objektive Ungleichheit zwischen den Dichtern, und der Zwillingsmythos ist immer schwieriger aufrechtzuerhalten. Sylvia versichert wie immer eifrig in ihren Briefen an die Mutter, daß sie vollkommen ausgefüllt ist. »Es ist unmöglich für Ted, in dieser kleinen Wohnung zu arbeiten, während ich saubermache und mich um das Baby kümmere, und wenn er nicht da ist, habe ich das Wohnzimmer und den Schreibtisch für mich und kann meine Arbeit erledigen. (…) Ich bin sehr bewegt davon festzustellen, daß die Kinder anregend für mein Schreiben sind, das einzige Hindernis ist die Enge.«

Ted wird später diesen positiven Einfluß der Mutterschaft auf die Dichtung Sylvia Plaths bestätigen: »Mit der Geburt ihres ersten Kindes wurde sie selbst geboren und konnte alle Kräfte einer höchst disziplinierten, höchst intellektuellen Erziehung, die bisher eher gegen sie gearbeitet hatten, zu ihrem Vorteil wenden. Aber ohne diese Erziehung hätte sie kaum mit dieser Sicherheit in Regionen vordringen können, die sie jetzt eroberte. Die Geburt ihres zweiten Kindes im Januar 1962 vervollständigte diese Entwicklung.« Das Problem ist nur, daß »die Regionen, die sie jetzt eroberte«, genau die waren, die Ted Hughes immer in Schrecken versetzt hatten. Vielleicht versteht Sylvia Plath durch ihr wirkliches Mutterglück sehr viel mehr von der Virilität, die vorher für sie nur Kult war. Sie beginnt die Allmacht ihres toten Vaters in Frage zu stellen – und auch die ihres Ehemannes.

Der optimistische Ton in Sylvias Briefen erreicht einen hysterischen Höhepunkt: »Ich habe anbetungswürdige Kinder und so ein hübsches Häuschen, das einzige, was mir fehlt ist, das alles mit meiner Familie, die ich herzlich liebe, zu teilen.« Das »hübsche Häuschen« ist in Devon: Die Hughes' haben ihre Londoner Wohnung aufgegeben, um sich auf dem Lande niederzulassen. Doch Ted hat angefangen, sich mit einer anderen Frau zu treffen, er fährt regelmäßig nach London, und Sylvia bleibt mit den beiden Kindern, dem Garten, dem Haus und ihrer Schreiblust

allein. Sie arbeitet besessen an einem Roman, der Geschichte ihrer Krise von vor neun Jahren: *The Bell Jar*, der
unter Pseudonym erscheint, damit ihre Mutter ihn nicht
liest: Victoria Lucas.

SIEG, LICHT ... so gerne würde sie an diesen Sieg noch
glauben. Jeden Tag schreibt sie ihrer Mutter, daß alles zum
Besten steht – einige Monate später reicht sie die Scheidung
ein. »Ich kann dieses erniedrigende, qualvolle Leben der
letzten Zeit einfach nicht weiterleben ... Für mich steht zu
viel auf dem Spiel, und ich bin als Mensch zu reich, um als
Märtyrer zu leben.« »Das Fleisch ist von meinen Knochen
gefallen«, schreibt sie Aurelia, »aber ich bin eine Kämpferin.
Alles wird sich lösen.« Und während sich alles auflöst,
schreibt sie die schönsten Gedichte ihres Lebens. Jeden
Morgen steht sie um 5 Uhr auf, bevor die Kinder aufwa-
chen, und arbeitet an einem Gedichtzyklus, der *Ariel* heißen
wird: Gedichte, befreit von der rigiden Struktur, der Ver-
einfachung und Geziertheit ihrer ersten Sammlungen.
Seit Jahren schon sprechen ihre besten Gedichte von
Unglück und Tod. Jetzt ißt sie nicht mehr, schläft sie nicht
mehr, strapaziert ihren Körper, schreibt mit leidenschaftli-
cher Hingabe, sie quält ihren Körper und imaginiert ihn als
tot, mit zerstückelten Gliedern, durchzuckt von Elektroschocks. »Das einzige was mir bleibt«, schreibt sie ihrem
Bruder, »sind Liebe und Bewunderung für seinen Stil. Ich
weiß, er ist ein Genie, und ein Genie hat weder Bindungen
noch Grenzen ... Es tut weh, verlassen zu werden ... Aber
Gott sei Dank habe ich meine Arbeit.« So steht es jedenfalls
in ihren *Letters Home*. Wie es in ihrem Tagebuch steht, wird

man nie erfahren, weil es die beiden letzten Hefte, von der Trennung bis zu ihrem Tod, nicht mehr gibt. Das eine ist verschwunden, das andere hat Ted verbrannt, weil später die Kinder nicht darunter leiden sollten. Aber er ediert *Ariel* und betont, daß hier und nur hier Sylvia Plath endlich ihre »Masken« fallen ließ.

»Es grenzt wirklich an ein Wunder«, bestätigt er 1965, »daß während der zwei Jahre, in denen Sylvia Plath fast vollständig von den Kindern und dem Haushalt beansprucht wurde, sie diese poetische Entwicklung durchgemacht hat, für deren Plötzlichkeit und Ganzheitlichkeit man kein zweites Beispiel finden wird. (...) Alle unterschiedlichen Stimmen ihres Talents haben zusammengefunden und während sechs Monaten« (von August 1962, als Hughes sie verließ, bis Februar 1963, das heißt) »bis einen oder zwei Tage vor ihrem Tod, hat sie mit aller Kraft und aller Musikalität ihrer außergewöhnlichen Natur geschrieben. Eine Poesie wie die von *Ariel* kann man kaum kritisieren. Sie steht fast für sich allein. Das ist sie. Alles was sie tat, war genau so, und das genau war sie – immer.«

Der überwiegende Teil der Gedichte aus *Ariel* sind Abschiedsbriefe: Bevor sie sich vergaste, schnitt Sylvia Plath sich die Pulsadern auf; sie hatte gesagt: »Der Blutstrom ist ein Gedicht / Stillen kann man ihn nicht / Du reichst mir zwei Kinder, zwei Rosen.« Hughes entwirft ihre Grabinschrift: »Selbst zwischen lodernden Flammen / Kann man goldenen Lotus pflanzen.« Nach ihrem Tod schreibt er drei Jahre lang keine Zyklen, nur verstreute Gedichte, wie »Heptonsal« über das Dorf in Yorkshire, in dem sie begraben wurde. Er begibt sich an die immense Arbeit, Sylvia Plaths posthumes Werk zu edieren, schreibt Vorworte zu allen Zyklen und bringt sie sorgfältig in ihre chronologische Reihenfolge. Das ist ein Akt der wiedergutmachenden Liebe und – man könnte auch denken – eine Tilgung des Schuldgefühls.

Simon Worall
Marianne Faithfull

VERSCHLUNGEN ist der Weg zu Marianne Faithfulls irischem Domizil. Am Rande der Ortschaft Leixlip im County Kildaire passiere ich das Haupttor von »Carton Demesne«, dem ehemaligen Sitz der Grafen von Kildaire und Herzöge von Lenster, und rolle durch eine Parklandschaft mit Eichenbäumen und Schafen. Schwäne gleiten über einen kleinen See. »Privatbesitz – Unbefugten ist die Durchfahrt untersagt« steht auf dem Schild am schmiedeeisernen Torbogen. Dahinter wird die Schotterstraße zur Pappelallee sichtbar. Eine letzte Biegung, und ich erblicke »The Folly«, ein Backstein-Cottage mit verzierten Schornsteinen und Fenstern, einst Schauplatz der Bacchanalien der Grafen von Kildaire, heute Mittelpunkt von Mariannes *secret life*.

Ihr blondes Haar ist noch naß vom Duschen, als Marianne Faithfull mit Kaffeegeschirr und Faxmeldungen beladen ins Wohnzimmer kommt. Das Gesicht, das im London der Swinging Sixties die Blicke auf sich zog, ist voller geworden. Heroin und langjähriger Raubbau an der Gesundheit haben die Haut fahl und stumpf gemacht. In den eng stehenden, graublauen Augen spiegeln sich Leid und Freud eines langen Wegs der Erfahrung. Als sie mich mit einem kurzen, argwöhnischen Blick streift, verblüfft mich ihre

Verletzlichkeit. Es ist dieselbe Verletzlichkeit, die einem an
Aufnahmen aus den Sechzigern auffällt. Doch wenn sie
lächelt, geht im Raum die Sonne auf.

»Dann wollen wir uns gleich an die Arbeit machen«, sagt sie,
und wir nehmen an dem langen Eichentisch in der Mitte
des Raumes Platz. Die Stimme, die auf *Broken English*
(1979) die Heiserkeit zur Kunstform erhoben hat, ist ver-
raucht und tief. Sie trägt ein Kostüm von Dolce & Gabbana:
grauer Tweedminirock zur langen, antaillierten Fischgrät-
jacke, darunter eine weiße Seidenbluse. Im Dekolleté ein
keltisches Kreuz. Den linken Handrücken ziert unauslösch-
lich die blaue Schwalbe, die sie sich mit neunzehn hat täto-
wieren lassen.

Vorweg zeigt sie mir stolz Photos von ihrem Enkel Oscar –
»ich als *granny* Faithfull!« –, dann sprechen wir über ihre
Autobiographie, die im vergangenen Herbst in den USA
erschienen ist und ein geradezu euphorisches Kritikerecho
ausgelöst hat. Drei Jahre hat sie daran geschrieben; doch es
war vor allem die Promotiontour, die Marianne Faithfull
ausgelaugt hat. »Seit Jahren lebte ich vollkommen anonym,
habe tun und lassen können, was ich wollte. Ständig über
sich selbst nachdenken zu müssen ist wie zwangsverordne-
te Selbstsucht. Und das Schlimme ist, daß alle glauben, ich
genösse das. Dabei finde ich es abscheulich.«

Als besonders schmerzlich empfand sie die erhobenen
Zeigefinger von Journalisten, denen Marianne Faithfull als
Sündenbock für alles und jedes gedient hat, vom gesell-
schaftlichen Sittenverfall bis zum steigenden Heroinkon-
sum der Jugendlichen. »Es will diesen Leuten einfach nicht
in den Kopf, daß ich mich verändert habe. Sie begegnen
mir mit vorgefaßten Meinungen, erwarten ein altes, dem

Marianne Faithfull, 1995
(Photo: Jean-Pierre Masclet)

Alkohol und den Drogen verfallenes Wrack. Bei einem Interview, das ich in New York dem kanadischen Fernsehen gab, wurde ich in einen Raum mit zugezogenen Gardinen geführt. Wahrscheinlich konnten sie sich eine Marianne Faithfull bei Tageslicht einfach nicht vorstellen! Wenn mich ein Sonnenstrahl trifft, zerfalle ich zu Staub; die Inkarnation des Bösen! Dann haben sie mich zur Lower East Side hinuntergeschleift und in einen Souterraineingang gestellt, die Art von Loch, in dem eben ein Junkie hausen könnte. Und das, obwohl ich das zweite Jahr clean war. Es war so verletzend! Und es hat natürlich auch nicht funktioniert. Da sieht man auf dem Bild diese eher rührende, rundliche kleine Person im geblümten Kleid, ganz offensichtlich nicht abhängig, die in dieses Kellerloch runtersteigt und so tut, als lebe sie dort!«

Der Raum, in dem wir sitzen, könnte kein größerer Kontrast zu dem Kellerloch sein. Mit seinen alten, eichenen Deckenbalken und Bogenfenstern gleicht er eher einer Kapelle. Vor dem Fenster mit Blick auf den See stehen ein Jasminstrauch und ein Orangenbaum mit ineinander verschlungenen Zweigen, auf dem Fensterbrett liegt ein zerbrechlicher antiker Fächer aus weißer Seide. Daneben stehen auf dem Fußboden zwei Paar Gummistiefel.

An den Wänden hängen Frauenportraits. Ein Ölgemälde ihrer Großmutter mütterlicherseits, ein Jugendbildnis von ihr selbst mit fünfzehn, ein Poster von Marlene Dietrich, einem ihrer »großen Vorbilder«, das fast zur Bedeutungslosigkeit schrumpft angesichts eines riesigen Schwarzweißplakats von Marianne Faithfull an der gegenüberliegenden Wand – Werbung für Rollkragenpullover von The Gap. Auf einem unter Bergen von Papier versinkenden Mahagonischreibtisch steht ein gerahmter Brief ihres Vaters Glynn Faithfull: Meine geliebte Marianne...

Hier, im Land der Poeten und Priester, lebt sie seit ihrer 1990 abgeschlossenen Entziehungskur und hat inzwischen einen Kreis gleichgesinnter Freunde um sich geschart. Van Morrison, mit dem sie derzeit an einem Aids-Projekt arbeitet, wohnt hinter der nächsten Hügelkette, Paddy Maloney von den Chieftains kaum weiter weg. Ihr engster Freund und Mitarbeiter, der Dichter und Bühnenautor Frank McGuinness, lebt im Nachbardorf. »Ich mag Irland«, sagt sie. »Ich mag die Menschen. Sie haben so viel Gefühl.«

Ihr Leben in Irland ist von beruhigendem Gleichlauf geprägt. Marianne Faithfull ist keine Frühaufsteherin. Bis sie auf den Beinen ist, ihren ersten Kaffee getrunken, ihre erste Zigarette geraucht hat und sich schließlich zum Arbeiten am Eichentisch niederläßt, wird es in der Regel später Vormittag. Dort verbringt sie, mit höchstens einer kleinen Unterbrechung für einen Spaziergang oder eine Besorgung, den Rest des Tages, arbeitet an ihren Songs, schreibt Briefe, telephoniert. Erst abends gestattet sie sich, an den Kamin hinüberzuwechseln, um sich bei einem Glas Wein oder einem Videofilm zu entspannen.

»Ich versuche durchzuhalten, bis es dunkel wird«, sagt sie und zündet sich eine neue Zigarette an. In ihren Worten schwingt die Angst vor dem Chaos mit, das sie als Drogenabhängige erlebt haben muß: die Angst vor dem Zusammenschnurren der Zeit, dem Verwischen der Grenzen zwischen Arbeit und Vergnügen, Nacht und Tag.

»Ich komme um vor Hunger! Sie nicht?« sagt sie und verschwindet in der Küche. Dort eilt sie geschäftig hin und her, klappert mit Geschirr, holt Eingepacktes aus dem

Kühlschrank. Mir fällt das Porzellan auf der Anrichte ins
Auge. »Aus Wien«, sagt sie, während sie dem kalten Huhn
mit einem Tranchiermesser zu Leibe rückt. »Es gehörte
meiner Mutter. Wenn mir früher als Teenager mal ein Stück
zu Bruch ging, sagte sie immer: Da habe ich dieses Porzellan durch zwei Weltkriege gerettet, und du zerschlägst
es!«

Mariannes Mutter stammte aus österreichisch-ungarischem
Adel, eine Baronesse Erisso, verwandt mit den Sacher-
Masochs. Der Begriff Masochismus geht auf einen Roman
des Großvaters, Leopold, Ritter von Sacher-Masoch, zurück.
Väterlicherseits blickt Marianne auf eine Ahnenreihe engli-
scher Exzentriker zurück. Der Großvater war Sexualforscher
und Erfinder der »Frigiditätsmaschine«, mit der er hoffte,
Sexualhemmungen heilen zu können. Glynn Faithfull, Mariannes Vater, hatte ähnliche utopische Vorstellungen. Nach
dem Dienst als britischer Aufklärungsoffizier im Zweiten
Weltkrieg – in Wien lernte er Mariannes Mutter kennen –
zog er mit der Familie nach Brazier's Park, einer sozialisti-
schen Gemeinde in Oxfordshire, zu deren Gründern er gehörte und in der er heute noch lebt. Aus dieser so gegensätzlichen Verbindung – »zwei Menschen, die so wenig gemein
hatten, daß sie keinen Tag zusammengeblieben wären, wenn
der eine die wahre Natur des anderen erkannt hätte«, heißt
es in der Autobiographie – ging Marianne Faithfull hervor.

»WAS FÜR EINE ORGIE!« sagt sie, als wir uns an den
Tisch setzen. In der Tat: frischgebackenes Salbeibrot, Huhn,
Cheddar, Salami, Tomaten, eine Vinaigrette mit viel Oliven-
öl – ein Hauch Sizilien in Kildaire. Marianne Faithfull langt

zu, als hätte sie tagelang nichts mehr zu essen bekommen, bricht großzügig Brot und tunkt die Brocken in Vinaigrette. Ich war dreizehn, als Marianne Faithfull mit »As Tears Go By« ihren ersten großen Hit landete. Wie alle Kinder der Ära himmelte ich sie an. Sie war wild, schön, klug, war Engel und Galionsfigur des Swinging London, gab die Isolde zu Mick Jaggers Tristan, verkörperte alles, was wir wissen und erleben wollten. Mit ihrer langen, blonden Mähne und dem bekifften Lächeln, ihren Miniröcken und Samtjacken war sie der personifizierte Zeitgeist. In dem Maß jedoch, wie die Sechziger ihre Kinder fraßen, wurde Marianne Faithfull zum Symbol für deren düstere Kehrseite.

Jaggers Name fällt im Gespräch häufig: in Marianne Faithfulls Autobiographie ist es nicht anders. Dabei hängt ihr das Thema zum Hals heraus. »Die Leute wollen einfach nicht einsehen, daß ich Mick Jagger keine Träne nachweine!« ärgert sie sich. »In Paris habe ich bittere Erfahrungen machen müssen. Dort halten sie mich doch tatsächlich für das Aas, das Mick Jagger auf dem Gewissen hat, das ihm übel mitgespielt hat. Aber beide hatten wir nie die Absicht, einander so zu verletzen, wie wir es getan haben. Er wollte mir nicht weh tun, und ich wollte ihm ganz bestimmt nicht weh tun. Es ist einfach so gekommen. Und dafür dann allein verantwortlich gemacht zu werden! Unglaublich!«

Trotz der unerfreulichen Begleitumstände der Trennung – Marianne war in Keith Richards verliebt; als sie ihn nicht haben konnte, gab sie den Drogen den Vorzug vor Jagger – zeichnet sie in ihren Erinnerungen ein überraschend sympathisches Bild von ihm: das eines wohlerzogenen Mittelschichtsknaben, der mit beiden Beinen fest auf dem Boden stand. »Und so wollte ich es auch. Ich wollte Mick Jagger meinen Respekt bezeugen. Auch wenn ich ihn nicht sonderlich gut leiden kann; ich respektiere ihn. Und ich habe ihn geliebt.«

»Flaming September«, einer der besten Titel auf Marianne Faithfulls neuer CD *The Secret Life*, handelt von den Verstrickungen dieser Beziehung. »Es geht um Mick Jagger als Metapher. Es geht um meinen Zorn auf Mick Jagger. Ich habe den Song hier in diesem Haus geschrieben, im September. Ich saß an meinem Buch, und sie brach gerade erst durch, die heillose Wut, die ich empfand.«

Anlaß für die Wut war ein anderes Haus: Ende der sechziger Jahre hatte Mick Jagger Mariannes Mutter Eva ein Haus gekauft: »Yew Tree Cottage«. Als Eva 1990 starb, meldete Jagger Besitzansprüche an. »Es war das Haus, an dem mein Sohn Nicholas am meisten hing. Aber viel schlimmer war, daß Mick Jagger sich selbst zu der ganzen Sache überhaupt nicht äußerte, es lief alles über seine Anwälte. Ich war so wütend! Da bot sich eine einmalige Gelegenheit, Frieden miteinander zu schließen, und er ergriff sie nicht. Diese eine Zeile im Song – »there's no happy ending to the game« – dreht sich darum. Aber letzten Endes läßt sich alles darauf zurückführen, wie ich mich verhalten habe. Ich habe den armen alten Mick Jagger so schlecht behandelt, daß er mit uns allen nichts mehr zu tun haben wollte.« Als ich sie frage, weshalb sie ihn so schlecht behandelt habe, schweigt sie einen Augenblick und sagt dann: »Der Mann hat mich einfach wahnsinnig gemacht.« Dem Musiker Jagger jedoch bewahrt sie ihren Respekt. Nach dem Essen spielt sie mir die Chieftains-CD *The Long Black Veil* vor. Ihr eigener Beitrag »Love Is Teasin'« gehört zu den besten. Aber zunächst muß ich mir »seinen« anhören. »Ten years ago, on a cold dark night«, singt er, »there was someone killed, 'neath the town hall light ...«

Als der Song verklungen ist, sehe ich zu Marianne Faithfull hinüber. Ihre Miene verrät nichts. Sie nickt lediglich und sagt: »Wirklich gut.« Doch als die ersten Worte ihres eigenen Songs ertönen, strahlt sie mich an und greift sich theatralisch ans Herz. »I wish, I wish, I was a maid again«, klagt die CD-Stimme zu den *uilleann pipes*, dem irischen Dudelsack. Marianne Faithfull zieht die Jacke enger um sich und singt mit: »What cannot be cured, love / Must be endur'd, love ...«

Und was hat sie nicht alles erduldet. Beim Lesen ihrer Autobiographie bestürzt vor allem das Gefühl des sinnlosen Verfalls. Menschen sterben unter entsetzlichen Umständen. Beziehungen zerbrechen. Ihr Kind wird ihr weggenommen. Ganze Abschnitte ihres Lebens sind wie ein unbeschriebenes Blatt, ohne Erinnerung und Empfinden. Eine der erschütterndsten Stellen der Autobiographie findet sich im letzten Drittel: Eine Hitplatte und die Liaison mit Mick Jagger liegen hinter ihr, sie hat jedes nur erdenkliche Rauschmittel probiert, hat ein Kind geboren, ihre Ehe zerbrechen sehen und versucht, sich umzubringen. Und dennoch bezeichnet sie sich in diesem Abschnitt ihres Buches als »sorglose Zweiundzwanzigjährige«.

ZU VIEL, ZU FRÜH, ZU SCHNELL – so ließe sich ihr Leben überschreiben. Wie eine gequälte, im Zeitraffer den buddhistischen Geburtenkreislauf durchwandernde Seele hat sie zahlreiche Inkarnationen erlebt. In den Sechzigern als Rockdiva, in den Siebzigern als Straßenjunkie. Zwei

Jahre fast lebte Marianne Faithfull in London, von aller
Welt vergessen, arm, am Ende, angewiesen auf die tägliche
Zuteilung reinen Heroins vom British Health Service.
Dann wurde sie als »Grand Duchess of Punk« gefeiert.
Broken English, ihr High-Tech-Gruselliederkabinett ent-
täuschter Liebe, war ihr bis heute erfolgreichstes Album.
Mitte der achtziger Jahre, nachdem sie 40 000 Pfund für
Schuhe, Kleider und Drogen verschleudert hatte, landete
sie erneut in der Szene. »Das Komische ist, daß ich nie auf
die Idee gekommen wäre, mit den Drogen aufzuhören«,
schreibt sie gegen Ende ihres Buchs. Doch 1985 ging sie
nach Minneapolis in die Hazledean Clinic zu einer
Entziehungskur. Die Swinging Sixties waren endgültig
vorüber. Zeit, aufzuräumen. Heute, mit siebenundvierzig,
steigt Marianne Faithfull wie ein Phönix aus der Asche.
Waren die Federn der Sechziger fremde, der Ruhm geborgt,
so wird sie heute an der eigenen Leistung gemessen. Sie hat
mit *The Secret Life* eine exzellente neue CD vorgelegt und
zusammen mit anderen großen Namen bei den Chieftains
mitgewirkt. Im März 1995 bat David Letterman sie in seine
Show, im April soll sie an der Brooklyn Academy of Music
in New York mit einem eigenen Liederabend auftreten: »An
Evening in the Weimar Republic«; Verträge über drei weitere Alben sind bereits geschlossen.

»Das hier ist so ein geschützter Ort«, meint sie, als wir zu
einem Rundgang über das Grundstück aufbrechen, und ich
habe die Eingangszeilen ihrer neuen CD im Ohr: »It is safe
to sleep alone, in a place no one knows / And to seek life
undisturbed, in a place water flows.« Wir steigen durch
Birken und Rhododendren hügelan. Einmal süchtig, immer
süchtig, heißt es.

Die »Hungermauer«, die den Besitz des Grafen von Kildaire einst vor den verzweifelten irischen Bauern schützte, erscheint mir als sichtbarer Ausdruck von Marianne Faithfulls Entschlossenheit, sich die Welt von Sex & Drugs & Rock 'n' Roll vom Leib zu halten. Das Gefühl der Entrücktheit, eine Landschaft, die Ruhe ausstrahlt, eine Art Sanatorium, in dem Marianne Faithfull auf sich selbst aufpaßt.

Warum hat eine so begabte, schöne und kluge Frau einen großen Teil ihres Lebens damit verbracht, sich umzubringen? Ich weiß, daß ich mich vorsichtig an die Frage heranpirschen muß, also spreche ich von Freuds Thanatos-These, vom Todeswunsch. Ich wage die These, daß die Sechziger von einer enormen Thanatos-Energie durchdrungen waren, die Tausende fortriß in den Tod. Marianne beißt nicht an. Sie weiß genau, wo das Gespräch hinsteuert. Statt dessen reden wir über Literatur. Marianne Faithfull ist ein Büchernarr. »Alle meine heimlichen Helden«, schreibt sie in ihrer Autobiographie, »waren Dekadente, Ästheten, hoffnungslose Romantiker, Spinner, Bohemiens und Opiumkonsumenten.« Ein Buch allerdings beeinflußte sie stärker als alle anderen: William Burroughs *Naked Lunch* (1959). Es war schuld, schreibt sie in ihrem Buch, daß sie Straßenjunkie sein wollte. »Wie konnten Sie das wollen?« frage ich. »Ist das nicht ziemlich pervers?«

»Natürlich ist es das«, antwortet sie. »Man muß krank sein, um das zu wollen. Keine Frage. Aber ich habe viele kennengelernt, die ganz genauso empfanden, die in der gleichen Weise von *Naked Lunch* beeinflußt worden waren. Ich bin wahrscheinlich bloß einen Schritt weiter gegangen als die meisten.« Warum? Als wir den Hügel erklommen haben, überfalle ich sie damit. Ihre Antwort läßt mich wie angewurzelt stehenbleiben. »Weil ich mich selbst haßte«, sagt sie und sieht mich mit diesen verletzlichen graublauen Augen an. Wieder im Wohnzimmer angelangt, studiert sie ihr Zeitungshoroskop, trinkt Tee und raucht. Sie möchte nicht reden. Sie möchte mir ihre neuen Aufnahmen vorspielen. »Ich finde, einen besseren Ort dafür gibt es auf der ganzen Welt nicht«, sagt sie und schiebt eine Kassette ein. Es gibt wohl nur wenige Interpreten, die als Auftakt zu einem Werk die ersten acht Zeilen von Dantes »Inferno« vortragen würden. Und noch weniger, bei denen das nicht prätentiös wirkte. Doch als die von Angelo Badalamenti für Streicher arrangierte Musik erklingt und Faithfulls heisere Stimme diese herrlichen Zeilen zu rezitieren beginnt, wirkt das vollkommen angemessen.

Was folgt, ist der machtvolle Song-Zyklus, der Marianne Faithfull als große Chanteuse zu erkennen gibt, würdige Schwester der Dietrich und der Piaf. Die Reibeisenstimme ist zu einem feinen Instrument gereift, voller Ausdruckskraft und durchdrungen von einer sehnsüchtigen Trauer. Und in Angelo Badalamenti, der mit seiner Filmmusik für David Lynch reüssierte, hat sie einen idealen Arrangeur gefunden.

In *The Secret Life* sind Marianne Faithfulls kontinentaleuropäische Wurzeln deutlich zu erkennen. Die Melancholie und die Wehmut, der Stoff, aus dem ihre Lieder sind, wirken ebenso unenglisch wie das Fehlen von Ironie. Es dürfte kaum eine englische Interpretin geben, die einen Titel wie »Losing« singen und sich mit deren eisiger Kernzeile wohl fühlen könnte: »If you hurt me, I will kill you.«

»Ich vermute, die Engländer wären eher bereit, mich in ihr

Herz zu schließen, wenn ich mich selbstironischer geben,
die Dinge leichter nehmen würde. Natürlich kann ich auch
über mich selbst lachen, aber das ist nicht das, was in meine
Arbeit einfließt. Wenn ich mich hier an diesen Tisch setze
und schreibe, ist es nicht die hintergründige Komik des
Lebens, die sich mir aufdrängt, sondern die Unfaßbarkeit
des Ganzen. Eine ernste Angelegenheit.« Aber auch das ist
nur die halbe Wahrheit. *The Secret Life* hat durchaus eine
neue, romantische Klangfarbe, eine Leichtigkeit, die schon
in ihren Songs aus den Sechzigern mitschwang. »Bored by
Dreams« etwa ist eine Verbeugung vor der Kunst Nurejews
und Fontaines. »Sehr albern und romantisch, aber das
gehört zu den Dingen, die ich an Liedern so schätze: Sie
sind so folgenlos!«
Überraschenderweise sind wenige Songs unverhohlen
autobiographisch. Als ich sie frage, ob »Love in the After-
noon«, ein Titel, in dem es um die heimlichen Liebes-
stunden einer älteren Frau und eines jungen Mannes geht,
auf eigenen Erfahrungen beruhe, lacht sie. »Schön wär's!
Da habe ich etwas verpaßt! Aber die Sexualität ist ein eigener Bereich; ich muß mich sicher fühlen. Im Grunde ist es
sehr einfach: Du mußt dich entspannen können. Ich habe
mich mit vielen Frauen darüber unterhalten; und ich glaube, wenn ich in Ruhe gelassen worden wäre, wäre ich eine
eher biedere Frau geworden.«
In diesem Augenblick kommt Mariannes Assistentin Barba-
ra. Sie ist in Dublin auf der Bank gewesen, um Geld abzu-
heben. »Sie wollten mir keins geben«, berichtet sie. »Sie
meinten, sie müßten erst einmal mit dir reden.« – »Mir ins
Gewissen reden, wie?« flachst Marianne.
Obgleich ihr Buch sich gut verkauft und sie soeben einen

Vertrag über drei weitere Alben abgeschlossen hat, ist Marianne Faithfull pleite. Das Telefon ist gerade abgestellt worden. »Das kommt periodisch vor. Aber besser, ich denke nicht groß darüber nach. Der Kühlschrank ist voll, und es wird sich immer jemand finden, der mir eine Flasche Wein spendiert, die können mich mal.«

Am Abend bittet Marianne Faithfull mich bei einem Glas Wein, ihr bei der Übersetzung von Kurt Weills »Au fond de la Seine« zu helfen, das sie im April in New York vortragen will. Wir arbeiten fast eine Stunde konzentriert daran. Dann bitte ich sie, mir vorzusingen. »Au fond de la Seine«, hebt die rauhe Stimme an, »il y a de l'or. Des bateaux rouillés, des bijoux, des armes. Au fond de la Seine, il y a des morts. Au fond de la Seine, il y a des larmes.« Bis ich schließlich aufbreche, ist es fast Mitternacht, und wir sind beide nicht mehr ganz nüchtern. Marianne Faithfull hat einzelne, geliebte Stücke, alte eigene Titel aufgelegt, hat am Boden in CDs und Kassetten gewühlt wie ein Teenager. Sie hat mir ihre Interpretation von »Madame George« vorgespielt. Sie hat Kurt Weill gespielt.

»Ach, wär' mein Lieb' ein Brünnlein kalt«, hat sie gesungen und dazu das Weinglas geschwenkt, während Marlene Dietrich kühl von der Wand lächelte. Und ganz zum Schluß hat sie doch noch »As Tears Go By« aufgelegt. Die Jahre spulen zurück. Wir haben wieder 1963, und ich tanze in meinem Schlafzimmer daheim bei meinen Eltern in England mit einem Mädchen in Minirock und Mary-Quant-Strumpfhosen. »This is the evening of the day ... I sit and watch as tears go by«, haucht der Engel aus den Sixties. Hier, in Irland, in Sicherheit, grinst Marianne Faithfull geheimnisvoll wie die Cheshire Cat aus Alices Wunderland.

Stefan Krulle
Madonna

DIE WELT braucht Megastars, nach dem Warum zu fragen wäre unanständig. Mit den Achtzigern war die Zeit reif. Die Suche im eigenen Inneren endete vor mageren Ergebnissen, was waren denn schon Superstars? Etwa ein King Elvis, delirierend zuletzt im verschwitzten Kalifenkostüm, vor dessen Bild Vater und Mutter heimlich knieten? Oder all die toten Helden, von denen keiner ahnte, für welchen Ruhm es ans frühe Sterben ging? Nein, gesucht wurde die unerreichbare Lichtgestalt, aus tragischer Jugend aufs Podest geraten wie der Tellerwäscher an die goldene Kreditkarte. Oder besser noch die vom Schulhof auf den Olymp gebeamte Heroine, eine, die sich traut, bei Papstaudienzen Kaugummi zu kauen.

Dann kam Michael Jackson. Schwarz und ein Mann, beides nur widerwillig, aber getrieben zur unbedingten Flucht aus Kinderstarrummel und väterlicher Züchtigung, beschenkt mit übergroßen Talenten und der Sucht nach dem Androgynen. Kompatibel mit Jim und Jennifer, denn Megastars dürfen viel, bloß keine Zielgruppen kennen. Sie wollen schließlich die ganze Welt erobern, an diesem Plan soll niemand zweifeln können. Doch Jacko patzte, feierte privaten Karneval im Wolkenkuckucksheim und zwang seine potentielle Gefolgschaft, Millionär zu werden, bevor sie seinem Ebenbilde glich, er ihnen gar Einlaß in seine Phantasiewelt gewährte. Das war gemein und auch schon der Anfang vom langsamen Ende.

Dumme Fehler, die Madonna Louise Ciccone vermieden hat. Dabei war die Tochter italienischer Einwanderer, 1956 in Bay City nahe Detroit geboren, mit Handicap an den Start gegangen. Eine Frau wird zur Ikone meist doch nur für Frauen oder Männer, wird nachgeahmt oder eben angebetet. Und sie muß in der Männerwelt des Popgeschäfts noch immer zum Star gemacht werden, solange sie sich Claqueure nicht bloß aus dem Lager der Kenner und Kritiker erhofft.

Madonna aber spuckte auf all die Konventionen und ging daran, sich selbst zu dem zu formen, was ihr schöner Name versprach. Und das ausgerechnet mit der Fleischwerdung des brisanten Gegenentwurfs jener Heiligengestalt, welche in der elterlichen Wohnung holzgeschnitzt zur gut katholischen Tugendhaftigkeit ermahnte. Madonna suchte nächtens die längst wichtigsten Verteiler lukrativer Popkultur heim und bekniete die DJs von New Yorks angesagten Diskotheken, ihre selbstgefertigten Melodien auf den Plattenteller zu werfen. Bestechungsgelder zahlte sie sodann in Naturalien, drehte den attraktiven Körper im Spot, bis das Shirt aus dem Hosenbund rutschte und hechelte dazu »Like a Virgin«.

Danach ging alles unvermutet schnell. Plattenvertrag, zwei Alben, die sich 13 Millionen Mal verkauften, Titelseiten überall, Bustiers und Netzstrümpfe, Madonna-Mode eben, für ein Taschengeld in allen Boutiquen. Wer die zur Klassenarbeit trug, war hip, war en vogue und Zeitgeist und

außerdem Rebellin. Und fand Jungs unheimlich cool, die Madonna-Poster überm Bett ertrugen, denn neue Männer brauchte das Land.

Und einen neuen Dress brauchte das Girl von herrlich zweifelhaftem Ruf nun alle Jahre wieder, da Frau Ciccone, anders als der Megastar Jackson neben ihr, Selbstzweifel nicht in 80-Spur-Tonstudios, sondern in permanente Image-wechsel investierte. Von der Lolita zum Vamp, von frivolen Posen zum wenigstens für Amerika harten Sex, von Marilyn Monroe zu Marlene Dietrich, den Blick zum Hinterhof noch immer inklusive. Wie nebenbei warf sie mit jeder neuen Haarfarbe auch gleich ein paar eherne Regeln des Biz' über Bord, bis keine mehr übrig war. Kümmere dich um die Musik, Promotion macht deine Company; verstöre die Leute nicht, gewöhne sie; versuche nichts, was den Ertrag schmälern könnte und sei als Frau Choreographin deiner Geschäfte nur hinter den Kulissen: alles Makulatur nach zehn Jahren, nach erst 20, dann 40, 100 Millionen verkauf-ten Platten. – Nun aber doch: die ersten Risse in der Fassade. Madonna singt die Lieder der Evita von argentini-schen Balkonen und fragt einmal nicht, wer die hören will. Wird Mutter und erklärt das Töchterchen zum Talisman einer Zukunft, die sie sich, endlich einmal, allein ausmalen möchte. Taucht beinahe demütig zum Interview auf, Aller-weltsklamotten, die Lippen nur flüchtig nachgezogen und sagt Sätze wie diesen: »Was ich damals getan habe, machen doch alle jungen Mädchen, das war nicht rebellisch, besten-falls zeitgemäß, nichts weiter«, oder »Den Leuten fällt es halt oft schwer, eine Ikone für ein menschliches Wesen zu halten, ich selbst aber hab' das nie vergessen.« Man möch-te geradezu an Sabotage glauben.

Doch Frau Ciccone wäre nicht Madonna, trüge sie kein fünftes As im Ärmel. Ein Narr, wer da glauben sollte, Tochter Lourdes Maria wäre der bald 40jährigen von nun an Lebenszweck genug, bloß weil Mama den frommen Namen daheim gegen ein zweideutiges »Lola« tauscht. »Ich habe gelernt«, verklärt sie jüngste Einsichten mit leichter Hand zur Philosophie, »daß es auch ruhige Revolutionen gibt.« Die wahren Erkenntnisse der Madonna indes lesen wir zwischen den überlegten Zeilen. Zu ihrem großen Traum »vom aufrichtigen Leben« etwa gehöre »untrennbar die Großzügigkeit«. Ganz entgegen unserer Natur, die uns zu egoistischen Wesen mache, »doch was gibt es Schöneres, als Geben und Lieben zu lernen, ohne eine Gegenleistung zu erwarten?« Oder anders gesagt: Wie schön kann doch das Leben sein, wo Zahlen, Rekorde, Erwartungen nicht länger als lästige Hindernisse im Weg stehen solange frau sich auf ein Dasein jenseits der millionenfach angehimmelten Ikone sorgfältig vorbereitet hat.

»Meine Art der Rebellion war«, letzter Rückblick auf die eigene Vergangenheit, »mir selbst unbequeme Fragen zu stellen, und ich habe erst spät begriffen, daß ich nach etwas suchte, was ich längst in mir trug.« Die Entdeckung könne beginnen, wenn sie die Madonna, jene »Figur, die manchmal einfach großartig, oft genug aber auch wie ein Pickel am Hintern« war, vom Sockel gestoßen hat. Die neue Ciccone kann alles sein. Begnadete Actrice, schlicht Sängerin oder nochmal Kunstfigur, ganz bestimmt wieder nach selbst skizzierten Plänen und auch langsam verblassender Erinnerung.

Nur eines wird Madonna nie wieder sein: ein Megastar. Denn die haben, tut uns gar nicht leid, ausgedient.

LEBENSLÄUFE

SARAH BERNHARDT, die »Göttliche Sarah«, war neben Eleonora Duse die berühmteste Schauspielerin des Fin de siècle; Überlieferungen zufolge schlossen 1920 alle Pariser Theater angesichts eines ihrer Auftritte für einen Abend, damit die Kollegen Gelegenheit bekamen, sie auf der Bühne zu bewundern. Als eine der ersten überhaupt wurde sie durch mehrere Gastspielreisen, die sie um die ganze Welt führten, zu einem internationalen Star. Auch auf anderem Gebiet erwies sie sich als Pionierin: Für die damalige Zeit ungeheuerlich, gab sie ihren Namen zu Werbezwecken für Tabletten oder Getränke her; auch für Filmaufnahmen stellte sie sich bereits um 1900 zur Verfügung. Ihre Kreativität versuchte sie (mit weniger Erfolg) auch für die Schriftstellerei, Malerei und Bildhauerei zu nutzen. Geboren wurde die Tochter einer ledigen Mutter unter dem Namen Henriette Rosine Bernard 1844 in Paris. Obwohl sie später nicht ganz korrekt als Jüdin galt – vielleicht auch, weil sie sich 1895 vehement für Dreyfus eingesetzt hatte, denn eigentlich war nur ein Großelternteil jüdisch – wurde sie katholisch erzogen und wollte ursprünglich Nonne werden. 1862 gab sie ihr wenig beachtetes Debüt als Schauspielerin; der eigentliche Durchbruch gelang erst ein Jahrzehnt später mit zwei Dramen Victor Hugos. Auf dem ersten Höhepunkt ihres Ruhms brach sie 1880 ihren Vertrag mit der Comédie Française, machte sich selbständig und begab sich sogleich auf die erste ihrer insgesamt acht Amerikatourneen. Ab

1882 pachtete und leitete sie nacheinander vier Theater in Paris, wobei sie für entstandene Schulden persönlich haftete. Häufig war sie daher in Geldnot – als rettender Anker erwies sich dann stets eine Wiederaufnahme der *Kameliendame*, die sicheren Erfolg garantierte – in zwanzig Jahren trat sie zweiundzwanzigmal in dieser für sie legendären Rolle auf. Ihr Repertoire bestand vorwiegend aus Versdramen, die häufig speziell für sie geschrieben waren und ihrer Vorliebe für ausstattungsreiche Melodramen entgegenkamen. Eng arbeitete sie mit Dramatikern wie Rostand, Sardou und Verneuil (dem Ehemann ihrer Enkelin) zusammen, aber auch mit dem Maler Alfons Mucha, der mit für sie angefertigten Bühnenbildern und Theaterplakaten bekannt wurde. Mit den Naturalisten konnte sie dagegen wenig anfangen, weshalb ihr Kritiker wie G. B. Shaw vorwarfen, sich mit selbstverliebten Posen zu begnügen und zu wenig innovativ zu sein. Sie trat bis kurz vor ihrem Tod 1923 auf, auch nachdem ihr 1915 das rechte Bein amputiert worden war. Sie hatte einen unehelichen Sohn und war einmal (1882–1889) mit einem erfolglosen, später drogenabhängigen griechischen Schauspieler verheiratet, von dem sie die meiste Zeit getrennt lebte.

MARIA CALLAS, eigentlich Maria Kalojeropulos, wurde am 2.12.1923 in New York geboren. Mit ihren stimmlichen und darstellerischen Fähigkeiten war sie eine der bedeutendsten Sängerinnen des 20. Jahrhunderts. Nach dem Studium am Nationalkonservatorium in Athen hatte sie 1938 ihr Debüt als Santuzza in Mascagnis *Cavalleria rusticana* am Athener Opernhaus. Seit ihrem ersten internationalen Erfolg bei den Festspielen in Verona wurde sie an den großen Opernbühnen Europas als führende Sopranistin gefeiert. Ihre Stimme vereinte brillante Koloraturtechnik und dramatische Kraft. Stationen ihrer Karriere waren unter anderem die Mailänder Scala und die Metropolitan Opera in New York. In den 60er Jahren zog sich die Primadonna asso-

luta von der Bühne zurück und widmete sich Schallplatten-
einspielungen. Eine letzte Europa-Tournee unternahm sie 1973.
Vier Jahre später, am 16.9.1977, starb Maria Callas in Paris.

MARIANNE FAITHFULL, geboren am 29. Dezember 1946 in
Hampstead / England, hat als Sängerin bereits mehrere Karriere-
schübe hinter sich gebracht. Um ihrem behüteten Leben und
ihrem Klosterschülerinnendasein zu entfliehen, läßt sie sich im
Alter von 18 Jahren vom damaligen Manager der Rolling Stones
dazu überreden, den von Mick Jagger und Keith Richard geschriebenen Song »As Tears Go By« auf Platte aufzunehmen, der
auf Anhieb zum Hit wird. 1965 heiratet sie ihren Jugendfreund
John Dunbar und wird Mutter eines Sohnes. Zur Kultfigur der
sechziger Jahre avanciert sie allerdings durch ihre bald darauf be-
gonnene Beziehung mit Mick Jagger, mit dem zusammen sie auch
in mehreren, heute vergessenen, Filmen auftritt. Auch als Thea-
terschauspielerin tritt sie in Erscheinung, u. a. in Stücken von
Tschechow und Shakespeare. Drogenexzesse und die Trennung
von Jagger beenden ihre Karriere zunächst, bis ihr 1980 mit den
gesellschaftskritischen Songs »The Ballad of Lucy Jordan« und
»Broken English« ein kurzzeitiges Comeback gelingt. Ihre rauh
gewordene Stimme wird zu ihrem neuen Markenzeichen, mit dem
sie sich nach Überwindung ihrer Drogensucht in den neunziger
Jahren als anerkannte Vortragskünstlerin anspruchsvoller Lieder
profilieren kann. 1995 ist ihre Autobiographie erschienen.

GRETA GARBO Greta Garbo wurde am 18.9.1905 in Stockholm
geboren. Aufgewachsen in ärmlichen Verhältnissen, wurde sie vom
schwedischen Regisseur Mauritz Stiller entdeckt und folgte diesem 1925 nach Hollywood. 1926 wurde sie von Louis B. Mayer
für Metro Goldwyn Mayer unter Vertrag genommen und produzierte pro Jahr mindestens einen Film mit ihm. In ihren Filmen,

u.a. *Mata Hari* (1931) und *Anna Karenina* (1928, 1935), verkörperte Greta Garbo oft Frauen, die mit unrechtmäßigen Liebesaffären scheitern. Nach dem Mißerfolg von *Die Frau mit den zwei Gesichtern* 1941 zog sie sich im Alter von sechsunddreißig Jahren unwiderruflich ins Privatleben zurück.

Am 15. April 1990 starb die Schauspielerin in New York.

FRIDA KAHLO (1907–1954) gilt als die bedeutendste Malerin Mexikos und als eine der international herausragendsten Künstlerinnen des 20. Jahrhunderts überhaupt. Ihr Malstil zeigt bei aller Eigenständigkeit Einflüsse der Volkskunst der Indios, des magischen Realismus, aber auch von Gauguin und Henri Rousseau. Die Motive für ihre Bilder entnahm sie zumeist dem eigenen Leben, das geprägt war von körperlichen Qualen nach einem schweren Unfall und von ihrer Liebe zu dem über zwanzig Jahre älteren und lange Zeit berühmteren Kollegen Diego Rivera, mit dem sie zweimal verheiratet war. Am bekanntesten sind ihre Selbstportraits, z.B. »Die beiden Fridas«, in dem sie sich mit dem indianischen Erbe ihrer Mutter und dem europäischen ihres Vaters auseinandersetzt, »Diego und Frida« oder »Selbstbildnis mit abgeschnittenem Haar«. In den dreißiger Jahren hatte sie noch Gelegenheit, Reisen in die USA und nach Europa zu unternehmen, wo sie u.a. Picasso und Duchamp kennenlernte; die letzten 10 Jahre ihres Lebens hindurch war sie fast nur ans Bett gefesselt. Die Malerei gab sie deswegen nicht auf, aber ihrer Lehrverpflichtung an der staatlichen Bildhauerschule »La Esmeralda« konnte sie immer seltener nachkommen. Nach einer 1953 notwendig gewordenen Beinamputation verlor sie ihren Lebensmut, den sie zuvor schon oft nur mit Hilfe von Alkohol und schmerzbetäubenden Mitteln aufrechterhalten hatte, weswegen die Vermutung laut geworden ist, ihr Tod kurz darauf sei in Wirklichkeit Selbstmord gewesen. Wenige Jahre nach ihrem Tod gestaltete Diego Rivera das *Blaue Haus* in Coyoacán, in dem sie geboren worden war und die meiste Zeit ihres Lebens gewohnt hatte, in ein Museum zu ihren Ehren um.

ZARAH LEANDER wurde nach eigenen Angaben am 15.3.1907 als Zarah Stina Hedberg in Karlstadt/Schweden geboren – Leander war der Name des ersten ihrer drei Ehemänner. Nach der Trennung von ihm strebte sie ab 1929 eine Bühnenkarriere an, um den Lebensunterhalt für sich und ihre beiden Kinder zu verdienen. Im Jahr darauf gelang ihr der Durchbruch mit der Operette *Die lustige Witwe*, und 1931 war sie in Schweden bereits so bekannt, daß man ihre Popularität für insgesamt drei eher nichtssagende schwedische Filme nutzte. 1937 bot ihr die Ufa einen Filmvertrag an, nachdem sie durch Auftritte im Theater an der Wien und ihre Mitwirkung in einem österreichischen Film international auf sich aufmerksam gemacht hatte. Mit einer massiven Publicity-Kampagne baute man sie zur »deutschen Greta Garbo« auf und machte sie zu einem der großen Stars des Dritten Reiches. Bis 1943, als sie ihren Vertrag brach und nach Schweden zurückkehrte, drehte sie neben anderen sechs überaus erfolgreiche Filme, darunter zwei Melodramen unter der Regie von Detlef Sierck im Jahre 1937: *Zu neuen Ufern* und *La Habanera*. Meist spielte sie eine leidenschaftlich liebende, »rassige« Frau, die nach Fehltritten viele Schicksalsschläge zu erleiden hat, aber stark bleibt und sich in Aufopferung und Verzicht übt. Dazu sang sie mit ihrer charakteristisch tiefen Stimme Lieder wie »Kann denn Liebe Sünde sein« oder »Nur nicht aus Liebe weinen«. Von ihrer schauspielerischen Leistung hielt sie selbst nicht viel, mit Ausnahme von *Heimat* (1938), wo sie mit Heinrich George zusammen spielte. Ihr Verhalten während der Nazizeit ist mehr als umstritten: Ohne sich um politische oder ideologische Fragen zu kümmern, nutzte sie zum eigenen Vorwärtskommen die Situation aus, daß viele namhafte Künstler emigriert waren, das Deutsche Reich aber aus Imagegründen dennoch Stars und Glamour brauchte. Als

Schwedin war sie arisch genug, um akzeptiert zu werden, aber nicht deutsch genug, um das Bild der tugendhaften deutschen Frau propagieren zu müssen. Nach ihrem Weggang wurde sie sowohl in Deutschland als auch in Schweden als Verräterin geächtet; erst 1948 durfte sie wieder öffentlich auftreten. An frühere Filmerfolge konnte sie kaum noch anknüpfen, weshalb sie sich zunehmend auf ihre Bühnenkarriere konzentrierte, die sie bis zu einem Schlaganfall 1978 weiterführte. Zum Schluß zehrte sie nur noch vom vergangenen Ruhm und absolvierte eine Abschiedstournee nach der anderen, von Kritikern verrissen, von ihren Fans bejubelt. Am 23.6.1981 starb sie in Stockholm.

MADONNA Am 16. August 1959 kam die amerikanische Sängerin und Schauspielerin italienischer Abstammung als Madonna Louise Ciccone in Bay City, Michigan zur Welt. Als Fotomodell und Pin-up-Girl schlug sie sich zunächst in New York und Paris durch, bis sie 1983 mit »Holiday« ihren ersten Hit landete. Seitdem wurde sie zu einer der erfolgreichsten US-Sängerinnen. Ihr Filmdebüt gab sie 1985 in *Susan – verzweifelt gesucht.*
Geschickt zieht sie sämtliche Showregister, wechselt häufig ihr Aussehen und inszeniert als Entertainerin ihre Bühnenauftritte abwechslungsreich zwischen Provokation und Koketterie. Ihren letzten großen Erfolg feierte sie 1996 als Evita in der Verfilmung des gleichnamigen Musicals von Andrew Lloyd Webber.

MARILYN MONROE Am 1. Juni 1926 wird Marilyn Monroe als Norma Jean Baker in Los Angeles geboren, wo sie bei Pflegeeltern und im Waisenhaus aufwächst. Während des zweiten Weltkriegs arbeitet sie in einer Flugzeugfabrik und beginnt nebenher eine Tätigkeit als Model. 1948 wird sie von Twentieth Century Fox unter Vertrag genommen, wird jedoch erst 1953 durch ihre Rollen in *Niagara* und *Gentlemen Prefer Blondes* zum Star. Die Rolle der untreuen Frau (*Niagara*) festigte ihr Image als das Sex-Appeal-Wunder, das die Herzen vieler Regisseure und des Publikums höher schlagen ließ. 1954 geht die im Kino zur Traumfrau schlechthin gewordene Schauspielerin eine Ehe mit dem Baseballspieler Joe DiMaggio ein, die nach kaum einem Jahr wieder geschieden wird. Zwei Jahre später heiratet sie den Schriftsteller Arthur Miller. Doch auch diese Ehe soll in die Brüche gehen. Die Schwierigkeiten der Ehe mit Miller überschatten ihre Arbeit in der eigenen Produktionsgesellschaft, die sie mit Milton Green gegründet hat. Marilyn Monroe, die zunehmend von Selbstzweifeln und Schlafproblemen gequält wird, flüchtet sich in Alkohol und Drogen. Nach dem kommerziellen Fehlschlag des Films *Let's make Love*, nehmen der Alkohol- und Drogenkonsum derart überhand, daß sie bei *Something's Got to Give* schließlich umbesetzt wird. Ihr mysteriöser Tod am 5. August 1962 setzte einer der vielversprechendsten Karrieren der amerikanischen Filmgeschichte ein tragisches Ende.

EVITA PERÓN (Maria Eva Duarte de Perón) wird in den argentinischen Mittel- und Unterschichten bis heute als »Engel der Armen« und als Nationalheilige verehrt – zu einer offiziellen Heiligsprechung ließ sich die katholische Kirche verständlicherweise nicht bewegen. Am 7. 5. 1919 wurde sie in Los Toldos (im wahrsten Sinne in der Pampa) geboren; wie ihre vier Geschwister führte sie bis zu ihrer Ehe den Namen des Vaters Juan Duarte, obwohl dieser ihre Mutter nie geheiratet hatte. Inmitten ärmlichster Verhältnisse träumte sie von einer Karriere als Filmstar; mit 15 Jahren machte sie sich nach Buenos Aires auf, um sich diesen Wunsch zu erfüllen. Als sie 1944 auf einem Wohltätigkeitsball den mehr als zwanzig Jahre älteren Kriegs-, Arbeitsminister und Vizepräsidenten Juan Perón kennenlernte, hatte sie sich bereits mit eisernem Ehrgeiz und einigen Beziehungen zur Sängerin, Filmschauspielerin und vor allem zum Radiostar emporgearbeitet. Bereits vor der Heirat im Dezember 1945 erwies sie sich als wichtige politische Stütze Peróns: Ein im Oktober 1945 gegen ihn gerichteter Militärputsch brach aufgrund des Widerstandes der Arbeiterschaft zusammen, nicht zuletzt, weil sie von Evita zum »Marsch der Hemdlosen« auf das Regierungsgebäude animiert worden waren. Nach seiner Wahl zum Präsidenten 1946 war sie bis zu ihrem Krebstod am 27. 7. 1952 eine der mächtigsten Frauen der damaligen Zeit. Anders als ihr Mann, der die Aussöhnung und allmähliche Abschaffung der Gegensätze zwischen den Klassen anstrebte, setzte sie voll auf die Unterstützung durch die unteren Bevölkerungsschichten, die sie auf zahlreichen Massenveranstaltungen auf Perón einschwor. Kritik an seinem zunehmend autokratischen Führungsstil wurde von ihr nicht geduldet. Trotz ihrer Skepsis gegenüber Emanzipationsbestrebungen von Frauen gründete sie die peronistische Frauenpartei und sorgte 1947 für die Durchsetzung des Frauenwahlrechts in Argentinien. Daß ihre politische Tätigkeit keineswegs unumstritten war, läßt sich schon allein daran ablesen, daß selbst das 1978 uraufgeführte Rock-Musical *Evita* von Andrew Lloyd Webber kritische Töne gegen sie anschlägt.

EDITH PIAF Ihre Lebensgeschichte liest sich streckenweise wie ein Groschenroman. Sie wird 1915 in Paris als Tochter eines Zirkusartisten und einer Jahrmarktsängerin geboren. Als ihr Vater zur Armee eingezogen wird und ihre Mutter wieder auf Jahrmärkten ihrer Arbeit nachgeht, verbringt sie einige Zeit bei ihrer Großmutter, die in der Normandie ein Bordell betreibt. Sie ist acht Jahre alt, als ihr Vater wieder als fahrender Artist zu reisen beginnt und sie dabei mitnimmt. Als beide 1930 nach Paris zurückkehren, fängt sie an, in einer Schuhfabrik und als Straßensängerin zu arbeiten. 1933 bekommt sie von ihrem ersten Geliebten ein Kind, das zwei Jahre später stirbt.
Der Cabaret-Besitzer Leplée hört sie 1935 auf der Straße und

nimmt sich ihrer an. Er läßt sie in seinem Cabaret singen, stellt sie Mistinguett und Maurice Chevalier vor und gibt ihr den Namen Piaf. Sie hat gerade ihre ersten Erfolge, als Leplée kurze Zeit später ermordet wird. Der Verdacht fällt zunächst auf sie. Sie bekommt keine Engagements mehr.

Im Varieté-Theater »A.B.C.« beginnt 1937 ihre große Karriere. Der Librettist Asso fördert sie, wird ihr Geliebter und künstlerischer Berater. Asso wird 1939 eingezogen, und sie beginnt eine Beziehung mit dem Sänger Meurisse, die ein Jahr später endet. Dieses schwierige Verhältnis soll den mit Edith Piaf lebenslang befreundeten Jean Cocteau zu seinem Einakter *Le bel indifférent* inspiriert haben.

Die Sängerin wird berühmt; sie versteht es, selbst immer wieder junge Talente zu fördern, darunter Yves Montand, Charles Aznavour, Georges Moustaki; viele davon werden ihre Liebhaber. »Für das Publikum bin ich die Liebe. Die muß aufwühlen, die muß schreien, das ist meine Persönlichkeit: ich habe das Recht, glücklich zu sein, aber nicht lange …«, formuliert sie Anfang der vierziger Jahre.

Nach dem Zweiten Weltkrieg unternimmt sie ihre erste Tournee in die USA und trifft dort Marlene Dietrich, mit der sie eine langjährige Freundschaft verbinden wird. Sie verliebt sich in den verheirateten Boxchampion Marcel Cerdan – ein Verhältnis, das 1949 tragisch mit dem Tod Cerdans durch ein Flugzeugunglück endet. Es folgen neue Liebhaber, eine kurze Ehe und regelmäßig auch neues Unglück: Unfälle, Krankheiten, Alkohol-, Medikamenten- und Morphiumabhängigkeit, Entziehungskuren, Zusammenbrüche, Operationen. Lange Zeit traut sich niemand, ihre Chansons nachzusingen. 1962 heiratet sie schon sterbenskrank den zwanzig Jahre jüngeren Sänger Theo Sarapo. Entgegen dem Rat der Ärzte gibt sie weiterhin Konzerte. 1963 stirbt sie 47jährig in Paris. Zehntausende nehmen an ihrer Beerdigung teil.

SYLVIA PLATH (1932–1963) erreichte bereits während ihrer letzten Lebensjahre durch ihre eigenwilligen, zum Teil mit Schockeffekten operierenden Bekenntnisgedichte und die Ehe mit dem Lyriker Ted Hughes einen gewissen Bekanntheitsgrad. Zum Idol wurde sie jedoch erst im Zuge der feministischen Bewegung der siebziger Jahre; in Esther Greenwood, der Hauptfigur aus ihrem einzigen Roman *Die Glasglocke* von 1963, die unter der Last der an sie als Frau gestellten, gegensätzlichen Rollenerwartungen zusammenbricht, erkannten sich viele intellektuelle Leserinnen wieder. Auch wenn sie keine feministische Aktivistin war, erregte in den sechziger Jahren allein schon die Tatsache Aufsehen, daß in manchen ihrer Gedichte Dinge des Frauenalltags wie Babywindeln oder Bratkartoffeln vorkamen. Obwohl sie sich zeitweilig für eine gefestigtere und der Welt verhaftetere Persönlichkeit hielt als ihr großes Vorbild Virginia Woolf, setzte sie ebenso wie diese ihrem Leben selbst ein Ende. 1982 wurde ihr posthum der Pulitzer-Preis für ihre *Gesammelten Gedichte* verliehen.

MAE WEST (1892–1980), das »gepuderte Naturwunder mit den geometrischen Formen einer Eieruhr«, schaffte es trotz ihres fortgeschrittenen Alters von 40 Jahren, quasi über Nacht zum Hollywood-Sexsymbol zu werden. Im Unterschied zur Garbo oder Dietrich kreierte sie sich ihr eigenwilliges Image selbst und stattete es mit einer gehörigen Portion Selbstironie aus. Die in Brooklyn geborene Tochter eines Preisboxers und eines Korsettmodells trat bereits seit ihrem siebten Lebensjahr auf New Yorker Tanz- und Vaudeville-Bühnen auf. 1911 heiratete sie den Jazzsänger Frank Wallace, den sie drei Monate nach der Hochzeit wieder verließ; die Ehe bestand jedoch auf dem Papier bis 1943 weiter. In den zwanziger Jahren feierte sie größere und kleinere Erfolge mit selbstverfaßten Stücken, die wegen ihrer sexuellen Anzüglichkeiten regelmäßig für Skandale sorgten. Der endgültige Durchbruch, mit dem sie Hollywood auf sich aufmerksam machte, gelang ihr 1928 mit *Diamond Lil*, einem eigenen Stoff, aus dem sie später auch einen Roman und das Drehbuch zum Filmerfolg *She Done Him Wrong* (1933) machte. Auch ihre übrigen Filme entstanden meist nach eigenen Vorlagen; zumindest die Dialoge für ihre Filmfiguren schrieb sie sich stets auf den Leib, wohl wissend, daß das Publikum wegen ihrer Bonmots und ihrer ständigen sexuellen Anspielungen in die Kinos strömte, egal ob sie gerade eine Löwenbändigerin, eine Bardame oder eine Abenteurerin mimte. Als sich ab der Mitte der dreißiger Jahre das moralische Klima in den USA veränderte und die Filmindustrie darauf mit einer Verschärfung ihrer Selbstzensur reagierte, waren Mae Wests Tage in Hollywood gezählt. Zunächst wurden Szenen aus ihren Filmen herausgeschnitten, 1938 dann verlängerte die Paramount, der sie einst durch ihre Kassenerfolge das finanzielle Überleben gesichert hatte, ihren Vertrag nicht mehr. Daraufhin konzentrierte sie sich, von wenigen Ausflügen zum Film abgesehen, auf ihre Bühnenkarriere und die Konservierung der eigenen Legende.

VIRGINIA WOOLF (1882–1941) kann als bedeutendste englische Schriftstellerin des 20. Jahrhunderts bezeichnet werden. Obwohl sie – zu ihrem eigenen Bedauern – nie eine Schule oder Universität besuchte, entwickelte sie sich im Selbststudium, das von ihrem Vater, dem Literaturkritiker und Biographen Sir Leslie Stephen, gefördert wurde, sowie durch Gespräche mit herausragenden Künstlern und Philosophen ihrer Zeit zu einer anerkannten Intellektuellen. Nach dem Tod ihrer Mutter 1895 hatte sie ihren ersten Nervenzusammenbruch; von da an lebte sie häufig in der Angst, wahnsinnig zu werden. 1904 starb auch der Vater, und die vier Geschwister Stephen zogen nach Bloomsbury. Regelmäßige Besuche von Thobys Studienfreunden aus Cambridge, darunter Lytton Strachey, E. M. Forster und John Maynard Keynes, führten zur Herausbildung des in der Kulturgeschichte berühmt gewordenen Bloomsbury-Kreises, der aber nie als feste Gruppe mit einheitlichem Ideengebäude existiert hat. Bei diesen Zusammenkünften lernte sie den politischen Journalisten Leonard Woolf kennen, den sie 1912 heiratete und mit dem sie 1917 in ihrem Haus die Hogarth Press einrichtete, einen heute noch bestehenden Verlag. Hier erschienen nicht nur Werke der Woolfs, sondern auch von Katherine Mansfield, T. S. Eliot und anderen bedeutenden Autoren der Moderne. Ihre eigene Romantheorie hat sie in Aufsätzen wie »Modern Fiction« dargelegt und in den Romanen *Mrs. Dalloway* (1925), *To the Lighthouse* (1927) und *The Waves* (1931) eindringlich in die Praxis umgesetzt. Zwischen den stilistisch anspruchsvollen Romanen verfaßte sie, sozusagen als Fingerübungen, Rezensionen, Essays und die Werke, für die sie sich unter Feministinnen einen Namen gemacht hat, weil sie sich in ihnen mit der Stellung der Frau auseinandersetzte: *Three Guineas* und *A Room of One's Own*. Ihre bis unmittelbar zu ihrem Selbstmord geführten Tagebücher und ausdauernden Briefwechsel lassen eine Frau erkennen, die einerseits an Depressionen und dem Ekel vor ihrem Körper litt (wahrscheinlich als Folge von sexuellem Mißbrauch in der Kindheit durch ihre Stiefbrüder), andererseits jedoch auch gescheit, witzig, gesellig und klatschhaft war.

NACHWEISE

Alice Schwarzer *Romy Schneider*
Erstveröffentlichung in *Emma*, 1977.

Mercedes de Acosta *Greta Garbo*
Aus dem Amerikanischen von Ulrike Becker
Auszug aus: Mercedes de Acosta, *Here Lies the Heart*, Arno Press
Inc., New York 1975; © 1960 by Mercedes de Acosta.

Hellmuth Karasek *Marilyn Monroe*
Erstveröffentlichung unter dem Titel: »Die unsterbliche Tote«, in:
Der Spiegel (2. August 1982).

Johannes Schweikle *Evita Perón*
Erstveröffentlichung unter dem Titel: »Liebesdienst für eine
Heilige«, in: *Zeitmagazin* 3 (10. Januar 1997).

Arthur Symons *Sarah Bernhardt*
Aus dem Englischen von Vera Eckstein
Erstveröffentlichung unter dem Titel: »Impressions of Sarah
Bernhardt«, in: *London Mercury* 8 (1923) (gekürzt).

Rosa von Praunheim *Zarah Leander*
Erstveröffentlichung unter dem Titel: »Die Baßamsel singt nicht
mehr«, in: *Der Spiegel* (29. Juni 1981).

Hans C. Blumenberg *Mae West*
Erstveröffentlichung unter dem Titel: »Zum Tod von Mae West:
Sexsymbol für alle Geschlechter«, in: *Die Zeit* (28. November 1980).

Marlene Dietrich *Edith Piaf*
»Meine Freundin Piaf«, in: *Nehmt nur mein Leben*, Bertelsmann,
München 1979.

Ingeborg Bachmann *Maria Callas*
»Hommage à Maria Callas. Entwurf«, in: Ingeborg Bachmann,
Werke Band 4, Piper, München/Zürich 1993.

Christa Wolf *Frida Kahlo*
Erstveröffentlichung unter dem Titel: »Dem Tod geweiht, doch voller Stolz«, in: Art 10/94; © bei der Autorin.

Louie Mayer *Virginia Woolf*
Aus dem Englischen von Susanne Amrain
ohne Titel, in: *Erinnerungen an Virginia Woolf von ihren Zeit-
genossInnen*, hg. von Joan Russell Noble, Daphne, Göttingen, 1994.

Nancy Houston *Sylvia Plath*
Aus dem Englischen von Ulla Biesenkamp
Erstveröffentlichung unter dem Titel: »Zwei polarisierte Sterne: Das
literarische Paar des Jahrhunderts – Sylvia Plath und Ted Hughes«,
in: *Lettre International* 5 (1989) (gekürzt; © bei der Autorin).

Simon Worall *Marianne Faithfull*
Erstveröffentlichung unter dem Titel: »Die drei Leben der Marianne
F.«, in: *Zeitmagazin* 14 (31. März 1995).

Stefan Krulle *Madonna*
Erstveröffentlichung unter dem Titel: »Meine Art der Rebellion.
Madonna Louise Ciccone will endlich keine Ikone mehr sein«,
in: *Die Welt* (7. März 1998).

Aller Zauber dieser Welt

Die schönsten Kunstmärchen der deutschen Romantik. Inhalt: Ludwig Tieck: Der blonde Eckbert; Wilhelm Heinrich Wackenroder: Ein wunderbares morgenländisches Märchen von einem nackten Heiligen; Novalis: Atlantis-Märchen; Clemens Brentano: Von dem traurigen Untergang zeitlicher Liebe; Ludwig Tieck: Der Runenberg; Joseph von Eichendorff: Die Zauberei im Herbste; Friedrich de la Motte Fouqué: Eine Geschichte vom Galgenmännlein; Adelbert von Chamisso: Peter Schlemihls wundersame Geschichte; Ernst Theodor Amadeus Hoffmann: Die Geschichte vom verlornen Spiegelbilde; Achim von Arnim: Die Majoratsherren; Ernst Theodor Amadeus Hoffmann: Die Bergwerke zu Falun; Wilhelm Hauff: Das kalte Herz. Auswahl der Texte, Nachwort, Anmerkungen und bibliographische Hinweise: Privatdozent Dr. Franz Loquai, Universität Bamberg. (7637)

Des Mordes schwere Tat

Kriminalerzählungen. Inhalt: Jakob Michael Reinhold Lenz: Zerbin oder die neuere Philosophie; Friedrich Schiller: Der Verbrecher aus verlorener Ehre; Heinrich von Kleist: Der Findling; Johann Peter Hebel: Schreckliche Mordtat; E. T. A. Hoffmann: Die Marquise de la Pivardiere; Friedrich Hebbel: Die Kuh; Wilhelm Häring (Willibald Alexis): Constantin Weise; Wilhelm Ludwig Demme: Der Fluch des Bordells; Eduard Mörike: Lucie Gelmeroth; Theodor Storm: Ein Bekenntnis; Gerhart Hauptmann: Bahnwärter Thiel; Jakob Julius David: Ruzena Capek; Georg Heym: Der Irre. Auswahl der Texte, Nachwort, Anmerkungen und bibliographische Hinweise: Joachim Linder, München. (7627)

Die Nacht

Ein Lesebuch von Träumen, Gewalt und Ekstase. Inhalt: Johann Wolfgang von Goethe: Das Tagebuch; Novalis: Hymnen an die Nacht; Jean Paul: Rede des toten Christus vom Weltgebäude herab, daß kein Gott sei; Bonaventura: Zehnte Nachtwache; Joseph von Eichendorff: Das Marmorbild; Ludwig Tieck: Liebeszauber; Ernst Theodor Amadeus Hoffmann: Das öde Haus; Achim von Arnim: Die Majoratsherren; Theodor Storm: Ein Bekenntnis; Edgar Allan Poe: Der Mann der Menge; Arthur Schnitzler: Traumnovelle; Djuna Barnes: Wächter, was spricht die Nacht? Auswahl der Texte, Nachwort, Anmerkungen und bibliographische Hinweise: Professor Dr. Elisabeth Bronfen, Universität Zürich. (7630)

Die schöne Leiche

Weibliche Todesbilder in der Moderne. Inhalt: Brüder Grimm: Schneewittchen; Charles Perrault: Der Blaubart; Edgar Allan Poe: Das ovale Porträt; Ernst Theodor Amadeus Hoffmann: Rat Krespel; Heinrich Heine: Florentinische Nächte; Clemens Brentano: Geschichte vom braven Kasperl und dem schönen Annerl; Wilhelm Raabe: Else von der Tanne; Friedrich de la Motte Fouqué: Undine; Johann Wolfgang von Goethe: Die Braut von Korinth; Gottfried August Bürger: Lenore; Edgar Allan Poe: Ligeia; Arthur Schnitzler: Die Nächste; Novalis: Tagebuchaufzeichnungen zum Tod der Sophie von Kühn; Bettina von Arnim: Bericht über den Selbstmord der Günderode. Auswahl der Texte, Nachwort, Anmerkungen und bibliographische Hinweise: Professor Dr. Elisabeth Bronfen, Universität Zürich. (7610)

Die schöne Seele

Die Entdeckung der Weiblichkeit um 1800. Erzähltexte. Inhalt: Friedrich Schlegel: Lehrjahre der Männlichkeit; Johann Wolfgang von Goethe: Bekenntnisse einer schönen Seele; Christoph Martin Wieland: Die Novelle ohne Titel; Brüder Grimm: Der Froschkönig oder der eiserne Heinrich, König Drosselbart, Die sechs Schwäne, Dornröschen, Aschenputtel, Allerleirauh; Johann Wolfgang von Goethe: Die neue Melusine; Ludwig Tieck: Der Runenberg; Heinrich Heine: Der Doktor Faust; E. T. A. Hoffmann: Der Sandmann; Achim von Arnim: Melück Maria Blainville, die Hausprophetin aus Arabien; Ludwig Tieck: Der blonde Eckbert; Heinrich von Kleist: Die Marquise von O...; Adalbert Stifter: Der Condor. Auswahl der Texte, Nachwort, Anmerkungen und bibliographische Hinweise: Professor Dr. Elisabeth Bronfen, Universität Zürich. (7677)

Die schönsten deutschsprachigen Liebesgeschichten

Inhalt: Johann Wolfgang von Goethe: Das Erlebnis des Marschalls von Bassompierre; Johann Peter Hebel: Unverhofftes Wiedersehen; E. T. A. Hoffmann: Der Sandmann; Friedrich de la Motte Fouqué: Die Heilung; Heinrich von Kleist: Die Marquise von O...; Clemens Brentano: Geschichte vom braven Kasperl und dem schönen Annerl; Ludwig Börne: Die Schwefelbäder bei Montmorency; Joseph von Eichendorff: Die Entführung; Franz von Gaudy: Frau Venus; Eduard Mörike: Lucie Gelmeroth; Theodor Storm: Immensee; Theodor Fontane: Im Coupé; Marie von Ebner-Eschenbach: Die Resel; Ferdinand von Saar: Der »Exzellenzherr«; Lou Andreas-Salomé: Amor; Arthur Schnitzler: Die Frau des Weisen; Frank Wedekind: Der greise Freier; Max Dauthendey: Der Garten ohne Jahreszeiten; Hugo von Hofmannsthal: Erlebnis des Marschalls von Bassompierre. Auswahl der Texte, Nachwort und Kommentar: Christiane Peter, München. (7598)

Verführung

Deutschsprachige Novellen von Goethe bis Thomas Mann. Inhalt: Johann Wolfgang von Goethe: Die schöne Krämerin, Die Geschichte vom Prokurator; Heinrich von Kleist: Die Marquise von O...; E. T. A. Hoffmann: Ritter Gluck; Gottfried Keller: Der Schmied seines Glückes; Eduard Mörike: Mozart auf der Reise nach Prag; Marie von Ebner-Eschenbach: Ihr Traum; Hugo von Hofmannsthal: Erlebnis des Marschalls von Bassompierre; Thomas Mann: Wälsungenblut. Nachwort, Anmerkungen und bibliographische Hinweise: Dr. Ulrike Draesner, München. (7645)

Werde, die du bist!

Zwischen Anpassung und Selbstbestimmung: Texte deutschsprachiger Schriftstellerinnen des 19. Jahrhunderts. Inhalt: Karoline von Günderrode: Die Einzige; Rahel Levin, verheiratete Varnhagen von Ense: Briefe; Karoline Auguste Fischer: Justine; Annette von Droste-Hülshoff: Ledwina, Am Turme; Bettine von Arnim: Die Günderode (Auszug); Louise Aston: Aus dem Leben einer Frau (Auszug); Fanny Lewald: Meine Lebensgeschichte (Auszüge); Louise Otto-Peters: Für alle; Louise von François: Fräulein Muthchen und ihr Hausmeier; Ottilie Wildermuth: Ein ungerächtes Opfer; Marie von Ebner-Eschenbach: Wieder die alte; Hedwig Dohm: Werde, die du bist!; Lou Andreas-Salomé: Mädchenreigen. Auswahl der Texte, Nachwort, Anmerkungen und bibliographische Hinweise: Dr. Gisela Henckmann, Universität München. (7615)